KB274817

한울열린문고 3

자본주의란 무엇인가

M. 돕 지음

김부리 옮김

자본주의란 무엇인가

한울열린문고 시리즈를 펴내며

우리 현실의 다양하고 다면적인 인식을 위하여

20세기의 마지막 10여 년은 물리적 시간이 가져올 수 있는 것 이상의 많은 변화를 가져왔습니다. 그 10년을 거칠게 구분하면 물질문명의 측면에서는 『제3의 물결』(앨빈 토플러)을 지나 『미래로 가는 길』(빌 게이츠)로, 정치사회의 측면에서는 『좌파와 우파를 넘어서』, 『제3의 길』(앤소니 기든스)로 치닫는, 이전과는 다른 '길'을 찾아 끊임없이 모색해가는 과정이지 않았나 싶습니다.

세계적인 추세는 물론 우리 사정도 크게 다르지 않은 것 같습니다. 그러나 10년을 보내도, 아니 한 세기를 보내도 변하지 않는 것은 분명히 있습니다. 끊임없이 점검해야 하는 현재, 그리고 이와 절대로 분리할 수 없는 우리의 정체성(identity)에 대한 문제제기와 해결 과제가 그것입니다. 이전의 한울 '열린글' 시리즈를 복원하여 '한울열린문고'로 다시 펴내고자 하는 취지가 여기에 있습니다.

1984년부터 시작하여 1991년 마지막 권을 출간했던 '열린글'은 학문적 정보 전달의 신속성을 극대화할 수 있는 출판매체의 필요성에서 출발하여 조그만 팜플렛 문고로 시작했으며, 단행본의 무거움을 덜어내고 당시의 첨예한 주제들을 진보적인 시각에서 적절히 담아내어 더 많은 독자들에게 제공하고자 한 취지를 살려 연구논문들을 문고형식으로 출간해낸 사실상의 첫 시도였습니다.

출간이 중단된 이유는 많았습니다. 동구 사회주의권의 붕괴, 이것이 우리의 사회정치적 분위기와 맞물려 '대책 없이 비관적'이기만 했던 전망들이 일시에 '근거 없이 낙관적'인 국면으로 변하는 경험들 속에서 우리 모두는 참으로 당혹스러워했습니다.

이러한 정치상의 반영은 때맞추어 일기 시작한 뉴미디어의 폭증과 더불어 정보혁명을 가속화시켰고, 출판·편집인들은 비주얼 시대에 대응하는 '읽히기보다는 보이기 위한' 책을 만들어야 한다는 사명감(?)에 시달리면서도 그에 매달렸습니다. '열린글'의 입지가 좁아진 것은 당연한 일이었는지도 모르겠습니다.

새 천년을 맞이한 시점에서 '한울열린문고'로 시리즈를 시작하는 것은 내용과 형식을 보강하여 '열린글'이 처음 의도했던 목적을 충분히 담아내고자 함입니다. 우선은 이제까지 출간되었던 시리즈의 일부를 되살려 출간한 뒤 그 다음에는 각 저널이나 단행본에 묶여 있는 논문들을 찾아내서 '한울열린문고'의 독자적인 성격을 부여하고자 합니다. 물론 새로운 번역이나 집필도 병행할 것입니다. 굳이 틀에 맞추기보다는, 고전에서부터 현대까지 자유롭게 넘나들 작정입니다.

모두들 앞만 보고 나아가고 있는 이 시점에도 그냥 '이 길'에 머물러 있을 수밖에 없는 데 대해 우리 나름의 확신은 있습니다. 현재의 문제의식이 담기지 않은 유토피아란 공허할 뿐입니다. 그래서 우리의 발전적 지향을 무작정 그곳에서 찾을 수는 없습니다. '한울열린문고' 시리즈에 대한 독자 여러분의 변함없는 관심과 지속적인 성원을 기대합니다.

도서출판 한울 편집부

　이 소책자가 처음 출간되던 때 마르크스주의자들과 급진주의자들은 소위 '경기순환(경제공황)'이라는 문제에 관심을 집중하고 있었다. 즉 그것은 과연 제2차세계대전 후에 '경기순환'은 과연 변질되어 버린 것일까, 아니면 연기되었을 뿐 예전대로 다시 반복될 것인가 하는 문제였다. 이에 대하여 전후 많은 사람들이 예측한 방향은 1930년대와 같은 불황이 다시 반복될 것이고 그러한 불황이 닥쳐 올 날은 멀지 않았다는 것이었다. 이 예측은 빗나갔다. 따라서 이 책의 마지막 장은 1950년대 후반의 산업생산의 상승과 하강국면을 상세하게 설명하는 것이었으나, 오늘날에는 일반적인 관심을 끌 수 없을 것 같아 이번 판에서는 생략하였다. 오늘날 그것과는 또 다른 문제들이 논의의 초점이 되고 있는 것 같다. 현대 자본주의사회에서는 고전적인 디플레이션 공황은 더 이상

일어날 수 없으며 1930년대의 대공황과는 유형이 다른 인플레이션 공황이 새로 발생하고 있다는 사실이 일반적으로 인정되고 있다(이러한 현상은 국제적 모순과 긴장의 표현인 국제 금융제도의 심각한 어려움 때문에 더욱 악화되었다). 따라서 1970년대에 들어와서는 만성적인 인플레이션의 심화ー더욱이 이것은 상당한 규모의 실업과 공존한다ー뿐만 아니라 집중(concentration)과 독점이 고도로 발전한 단계에서의 특징 등과 같은 새로운 문제들에 관해 논의가 집중되고 있다. 집중과 독점의 고도화는 기업합병(take-over) 및 그와 비슷한 금융적 조작이 증대되고, 국경을 초월하는 '다국적 기업'과 같은 거대한 국제독점체가 형성되는 것으로 표현된다. 이러한 것들이 지난 10년간의 특징들이다.

　이렇듯 우리는 간단하게 요약할 수 없는 새로운 국면에 처해 있다. 그러나 이러한 사태의 전개는 이 책의 1장부터 5장에 걸쳐 논의된 것을 근본적으로 변화시키기보다는 오히려 강화시켜 주고 있는 것이 분명하다고 생각된다. 따라서 여기에 1961년도 판 6장의 마지막 문장을 반복하는 것이 적당할 것 같다. "1장에서 정의된 자본주의의 기본적 특징들은 그것을 은폐하거나 부인하려는 어떠한 기도에도 불구하고 여전히 존재한다고 결론짓는 것은 정당하다."

1973년 3월

차례

제1장 자본주의란 무엇인가

제1장 자본주의란 무엇인가

자본주의라는 용어는 급진주의자들이나 자유주의자들 모두가 많이 사용하는 말이다. 그러나 너무 다양한 의미로 사용되고 있기 때문에 많은 혼란과 엇갈림이 일어나고 있다. 심지어 이 말에 어떤 명확한 의미를 전혀 부여할 수 없다고 주장하는 사람조차 있다(이들은 지극히 소수로서 자본주의를 하나의 체제로 파악하는 것을 부정하는 편이 자신들에 대한 많은 비판으로부터 이 체제를 방어하는 좋은 방법이라고 생각하는 사람들이다). 또 놀랍게도 많은 사람들이 자본주의는 과거에 존재하였던 것으로, 지금은 존재하지 않거나 이미 다른 것으로 변화하고 있다고 주장하기도 한다.

자본주의의 개념을 어떻게 정의할 것인가에 대한 지루한 논의로 이 책의 서두를 장식한다면 독자들은 첫 구절에서 그만 책을 덮어버리고 말 것이다. 또한 나 역시 그러한 논의는 하고 싶지 않다. 대신 가능한 한, 자본주의라는 용어가 의미하는 바를 다음과 같이 간략하게 정의해 두고 싶다. 그렇게 하는 것조차 부정한다면 많은 독자들이 나를 비난하리라고 확신하기 때문이다. 그리고 그것은 보다 쉽게 할 수 있는 것이기도 하다. 왜냐하면 내가 생각하는 이 말의 의미는 지난 세기에 전세계적으로 전개된 진보적 운동에서 공통적으로 사용된 것으로서 지금은 어느 정도 일반화되었기 때문이며, 또한 이 용어를 사용하는 다른 많은 사람들도 인정하는 의미이기 때문이다. 자본주의란 생산에 필요한 기계, 설비, 건물, 원자재 등의 자본을 개인이 사적으로 소유하는 체제이다(주식회사와 같이 개인들이 여러 명 모여 공동으로 소유하는 형태도 포함된다. 이 때에 각 개인의 소유권은 각각의 지분(持分)에 따라 정해진다). 자본주의란 때로는 막연하게 ‘사적 기업’의 체제라고 말하기도 한다. 마르크스는 좀더 기술적인 용어로, 그것은 생산수단을 한 사회에서 별도의 ‘계급’을 이루는 자본가들이 소유하는 하나의 생산양식이라고 정의하였다.

이러한 마르크스의 정의방식은 자본주의를 사적 소유의 체제라고 일반적으로 정의할 때 결여될 수 있는 무엇인가를 더해 주고 있다고 할 수 있다. ‘모든’ 사람이 사적 소유자인 사회를 상상할 수 없는 것은 아니다. 역사상 그와 같은 것은 소농이나 수공업자들의 공동체 형태로 다양하게 존재하였었다. 그런데 그곳에서는 생산자가 자기의 생산수단을 소유함과 동시에 자신이 스스로 생산하였기 때문에 '자본과 노동의 구별'도 '자본과 노동의 갈등'도 존재하지 않았다. 많은 이상주의자들이 그러한 사회의 재건을 자신의 목표로 삼아왔고, 오늘날에도 더러는 순진함에서 더러는 정치적인 선전용으로 '재산을 소유하는(property-owning) 민주주의'를 주장하고 있다. 그런데 분명한 것은 그러한 사회는 생산도구가 소규모이고 원시적인 곳에서만 가능하다는 것이다. 현대사회에서는 전문화와 기계화로 운용되는 복잡하고도 값비싼 기술과 생산과정 때문에 모든 사람이 자신만의 생산과정을 가진다는 것은 도저히 불가능하다. 생산을 하기 위해서는 거대한 규모의 자본이 필요하다. 이것은 쌓아놓은 재산이 한 푼도 없는 사람은 생각할 수조차 없는 크기의 양이다(다른 자본가들을 자기의 동료로 끌어들일 만한 사회적, 경제적 지위가 없는 사람도 마찬가지이다. 아무 것도 없는 사람에게는 아무도 돈을 빌려주려 하지 않기 때문이다). 현대사회에서 생산수단을 사적으로 소유하는 체제는 상대적으로 소수의 손에 그 소유권이 '집중'된다는 것을 의미한다. 바로 이 집중이 역으로 대다수의 사람들에게는 소유권이 없다는 사실을 내포하고 있다. 따라서 일부 사람들은 소유하고 나머지 사람들은 소유자들을 위해 노동한다 ─ 아무것도 가진 것이 없고 그렇다고 생산수단에 접근할 수도 없기 때문에 먹고 살기 위해서는 노동을 할 수밖에 없다. 이것이 바로 이른바 자본과 노동의 갈등이 생기게 되는 근거이다. 소유하는 자본가와 임금을 받기 위해 고용되어 살아가는 노동자, 이렇게 주요한 두 계급으로 나뉘어져 있는 자본주의 사회에서는 자본과 노동 간의 갈등이란 기본적인 이해관계를 둘러싼 갈등이다. 노동조합과 여타의 노동조직에 의해 행하여지는 노동운동의 역사적인 근거가 바로 이 계급갈등이다. 자본주의 사회에서 부자가 되려면 처음부터 자본을 가지고 있는 것이 보통이고, 또한 경제적으로 재빨리 성공하는 길은 다른 사람으로 하여금 당신을 위해 일할 수 있도록 하는 자본을 획득하는 것이다. 이러한 것은 일반적이고 전형적인 경우이다. 예외적으로 뛰어난 기술이나 재능을 가졌거나 좋은 사회적 배경이나 사회적으로 특권적인 지위를 가지고 있어서 높은 보수나 월급을 받는 경우가 없는 것은 아니다.

이러한 상황이 일반적이기 위해서는 우선 두 가지 조건이 있어야만 한다. 첫째, 한 계급이 노동하지 않고 소유하는 것만으로 소득을 얻기 위해서는 (때때로 그들도 일을 한다는 사실은 여기서는 중요하지 않다) 다른 사람들이 그들을 위해서 일하도록 만드는 직접·간접의 강제가 있어야 한다. 왜냐하면 노동 없이는 아무것도 생산할 수가 없기 때문이다. 주지의 사실처럼 소수의 손에 소유권이 집중되면 그 결과(이에 대해선 나중에 자세하게 이야기하기로 하자) 다른 한편의 사람들은 아무런 재산도 갖지 못하게 된다. 바로 이 사실이 소유하지 못한 계급이 소유자 계급에게 고용되어야만 하는 요컨대 자본가를 위하여 임노동자가 되어야만 하는, '경제적' 강제를 유발한다.

둘째, 소유자들이 (우아한) 생활을 하기 위해서는 생산활동을 하는 소유하지 못한 자들이 자신이 획득한 양보다 더 많이 생산하여야 한다. 다시 말해 토지나 자본을 소유하는 사람들에게 이익을 제공하기 위해서는 한 사회 내에서 노동을 담당하는 사람들의 총생산량에서 얼마를 공제(deduction)하지 않으면 안된다. 이것이 '정치경제학의 아버지'라 불리우는 아담 스미스가 사태를 설명하는 방식이었다. 또 달리 우회적으로 표현하면 소유자의 재산수입(자본에 대한 이윤이나 이자, 토지의 지대)의 원천을 보장하기 위해서 노동하는 사람들은 자신들의 소득 이외에 잉여분을 더 생산해야 한다. 그러므로 재산소득은 실제 생산자가 생산한 것의 일부분을 수취함으로써(appropriating) 성립되는 것이다.

앞의 두 가지 주장 가운데 첫번째에 대해서는 어떠한 경제학자들도 부정하지 않는다. 실제로 근 백년 이전에 고전학파라고 불리우는 경제학자들도 이것을 많이 주장하였다.[1]

---

1) 그것은 19세기 초반에 초기 식민지이론의 핵심을 이루었다(Gibbon Wakefield의 이론).

그런데 현대에 살고 있는 그 후예들은 편리하게도 이것을 잊어버리거나 은폐하고 있다("노동자를 노동자로서 묶어 두기 위해서는 약간의 실업이 필요하다"라고 부주의하게 말함으로써 그 문제가 표면에 부각되는 때를 제외하고는). 그러나 두번째 문제에 관해서는 많은 논쟁이 있었고 오늘날에도 논쟁은 계속되고 있다. 이 두번째의 주장은 임금이야말로 '잉여'라고 정반대로 말할 수도 있다는 점에서 무의미한 주장이라고 반박되거나, 혹은 생산성을 노동에만 배타적으로 귀속시키는 것으로 인해 노동뿐만이 아니라 자본도 생산에 공헌한다는 사실을 무시하는 오류를 범하였다고 비판된다. 실제로 노동자가 기계를 가지고 노동하는 경우가 기계 없이 노동하는 경우보다 훨씬 많이 생산할 수 있고, 노동생산성은 기술수준에 크게 의존하는 의미에서는 기계 등이(문제의 경제학자들이 말하는 '자본') 생산적이라는 사실을 아무도 부정할 수 없는 일이다. 그러나 이것은 생산수단이 어떠한 형태로 소유되는가에 상관없는 일이다. 따라서 이 사실이 몇몇 경제학자들의 그릇된 주장처럼 마치 자본가들도 가치를 창조하는 것처럼 되고 따라서 생산물의 일부를 자본가들에게 귀속시켜야 한다는 주장의 근거가 될 이유는 없다.

그러나 일부 경제학자들은 이 잉여생산물이 자본가에게 귀속될 수 있다는 다른 논거를 제시한다. 즉 자본가들에게 자본을 빌려줄 의향이 없었다면 기계와 현대적 기술은 생겨

날 수 없었다는, 바꾸어 말하면 그들이 절제하고 기다렸기 때문에 자본이 축적되고 창조될 수 있었다는 것이다. 본서는 경제이론에 관한 책이 아니므로 여기에서 이에 대하여 충분히 토론할 여유가 없으며 다음과 같은 점들을 지적하는 것으로 만족하자. 첫번째의 '주장'은 사용세를 부과하는 권리나 공급원천에 대한 배타적인 소유권(사막에 있는 희귀한 우물과 같이)을 성립시키는 권리 등의 독점적 권리의 경우에도 똑같이 적용된다. 두번째의 주장(자본은 절제나 기다림 같은 인간의 노력이나 고통의 산물이라는 주장)은 어떠한 학파의 극소수의 경제학자들에 의하여 자본에 대한 이윤을 설명하는 '공제' 또는 '잉여' 이론에 대해 반대하는 입장에서의 진지한 대답으로서 제시되었다고 생각된다. 그러나 역사적으로 볼 때 자본이 그와 같은 방법으로 창조된 적은 없다. 오늘날 투자이익을 위해 많은 고통을 겪으며 절제하는 사람은 바로 세계적인 선박왕이나 석유왕들이라고 할 수 있겠는가? 여러 인간 행위와 관계의 모습을 사실대로 말한다면 생산과정에서(이것을 무리가 가지 않는 범위에서 개괄적으로 설명한다면, 실제로 물건을 만드는 일 뿐만 아니라 물건을 필요한 곳에 운반하고 쌓아놓는 일이나 생산과정을 정비하고 조직하는 것을 돕는 일이다) 필수적인 능동적 노동을 하는 사람들만이 일반적으로 통용되는 의미에서 생산에 참여한다고 할 수 있다.

물론 여기에 간단히 표현된 대로 모든 것이 단순한 것은 아니다. 재산을 소유한 사람들도 때로는 생산에서 능동적인 역할을 하고(예컨대 관리나 감독), 노동을 하면서 주된 소득원이 임금이나 월급인 사람들도 역시 무엇인가를 (예금통장, 집, 땅) 소유한다. 사회적 계급은 사회적 신분과는 달라서 엄격하게 구분되고 분리되는 것은 아니다. 따라서 경제부분에서도 스펙트럼의 색경계 부분처럼 변동이 일어난다. 임금소득자계급 가운데에는 상대적으로 특권적인 지위를 가진 사람들이 있는데, 이것은 교섭능력이나 번창하는 회사에서의 유리한 지위 또는 그들이 가진 특수한 기술의 희소성(이것이 일시적이건 항구적이건)이 그 이유이다. 다른 한편 대자본가만이 아니라 소자본가도 있는데, 이들은 나중에 얘기하게 될 이유로 인해 어느 정도 대자본가와 이익이 상충되는 경우가 있다. 그리고 자본가 또는 임노동자로 분류하기 어려운 중간층이 있다— 난처하지만 편의상 중간계급[2]이라 한다. 그리고 전에 말한 소유자이면서 노동자인 계층, 즉 '자신의 이익을 위해 노동하는 사람'이라고 불리우는 계층도 있는데, 이들은 영국의 인구분포 조사표에 따르면 전체 직업종사자 중에 약 5%라고 한다(이 계급은 미국이나 유럽 등의 다른 자본주의 국가에서는 영국보다 더욱 다양하게 존

---

2) Andrew Grant는 최근의 저서 『사회주의와 중간계층』에서 중간계층은 총직업종사자 가운데 17~18%를 차지한다고 하였다.

재한다).

사적소유와 개인기업이 지배적인 체제라고 해서 그것이 곧, 소유권은 전혀 제재를 받지 않고 구속을 당하지 않는다는 의미는 아니다. 소유권은 법률이나 재정정책의 요구에 의해 다양하게 제재를 받는다. 따라서 개인기업은 상황에 따라서는 국가의 통제를 받는 경우가 있다(체제 전체에 통일과 안정을 기하기 위한 것일 때에만). 그리하여 이미 말한 대로 일반적 특징에 관한 기본적인 유사성이 있지만, 자본주의의 현실적 기능은 발전시기와 발전단계 그리고 나라에 따라 현저한 차이점들이 있다. 따라서 자본주의를 곧 경제영역에 대한 국가통제의 완전한 부재와 동일시하는 것은 잘못된 것이다. 물론 모든 국가는 시시각각 다양한 방법으로 경제영역을 통제하려 한다. 자본주의하에서는 예외적인 것이지만, 통제가 고도로 발전한 경우도 발생한다. 현대적 전쟁이 일어났을 때나 1930년대와 같이 체제가 극심한 충격을 받고 있을 때가 그러한 때이다(계급이익은 서로 다른 계급간에 이익갈등을 일으킬 뿐만 아니라 한 계급 내에서의 개개 성원간의 이익충돌도 가져온다는 것을 기억해두고 지나가자). 나중에 보겠지만 국가기업(국유화된 산업)이 실질적인 부분으로서 자본주의체제 내에 있을 때도 있다. 그러나 그것은 체제의 가동에 어느 정도의 영향을 미칠 뿐이고 체제의 본질적 성격을 변화시키는 것은 아니다.

그러나 이러한 조건들을 고려할 때 과연 자본주의의 본질적인 성격에 대하여 우리가 규정한 것이 여전히 사실에 부합하는가? 우리는 자본주의의 본질적인 성격을 자본의 소유권이 집적된 상대적으로 소수인 소유계급과 국민의 대다수를 이루는 소유하지 못한 계급으로 사회가 양분되는 것이라고 규정한 바 있다. 이것이 사실에 부합된다는 것은 소득분배나 재산분배에 관한 이용가능한 통계를 가지고 비교해 보면 보다 명백해지리라고 생각된다. 재산분배에 관한 통계수치는 소득분배의 수치보다 훨씬 구하기 어렵다. 제2차세계대전 이전의 영국에서 재산분배에 관해 가장 잘 알려지고 가장 많이 인용되는 통계는 1936년에 출판된 다니엘즈(Daniels)와 캠피언(Campion)이 쓴 『국민자본의 분배』로서, 이에 따르면 국내 총자본 중 반이상을 25세 이상의 인구 중 1%가 소유하고 있고, 총자본 중 80%는 전체 인구의 5~6%가 소유하고 있다. 확실히 이것은 집중이다!

보다 최근의 통계들도 전후 비슷한 추세를 보이고 있는데, 그것은 아래와 같다. 이것에 따르면 1946~1947년까지 자본의 반이 25세 이상의 인구 중 1%의 수중에 집중되어 있고, 80%의 자본은 인구 10%의 수중에 장악되어 있었다. 다른 한편에서는 무엇을 약간 소유한다고 해도 겨우 100파운드 미만이고, 평균 60파운드 이하를 소유하는 인구가 3분의 2였다. 그리하여 이러한 소(小)소유자들과 소(小)저축자들은 (계급분

<표 1> 1946~1947년에 영국과 웨일즈의
각 자본가층에 있어서의 자본액과 사람수(25세 이상)

자본가 집단의 소유규모	전체(25세 이상)에 대한 각 집단의 사람수의 %	총자본에 대한 각 집단 소유의 %
£ 100 이하	60.62	4.16
£ 100 ~ £ 1,000	27.79	10.99
£ 1,000 ~ £ 5,000	8.87	21.59
£ 5,000 ~ £ 10,000	1.38	11.35
£ 10,000 ~ £ 25,000	0.90	16.43
£ 25,000 ~ £ 100,000	0.38	19.18
£ 100,000 이상	0.06	16.30
총계	100.00	100.00

출전: 캐드린·랭글리(Kathleen Langley), *Bulletin of the Oxford University Institute of Statistics*, 1950년 12월호 p.353, 1951년 2월호 p.44.

화(class-stratified) 사회라는 것을 부인하고 싶어하는 사람들에 의해 이들의 존재는 그 근거로서 크게 선전되었다), '재산'이 그들에게 먹고 살 수 있도록 가져다 주는 재산소득의 관점에서 보면, 무시해도 좋을 만큼의 아주 적은 양— 국내총자본 중 20분의 1 이하로 계산되어 있다— 을 가진 사람들이다.

누구나 예측하는 바와 같이(재산만이 소득의 원천이 아니기 때문에) 소득은 재산보다 덜 불평등하게 분배된다. 그럼에도 1950년대 중반에 조사한 수치가 보여주듯이 소득분배의 불평등은 현저하다. 그에 따르면 총소득의 약 5분의 1이 총 소득인구의 20분의 1에 속하고 총소득의 약 10분의 1이

<표 2> 개인소득분배(1954년)

평균소득규모	총소득자에 대한 각 소득자의 %	총소득에 대한 각 집단소득의 %
£ 10,000이상	0.05	1.60
£ 2,000 ～ £ 10,000	1.15	8.40
£ 1,000 ～ £ 2,000	3.50	9.90
£ 500 ～ £ 1,000	29.00	41.00
£ 500 미만	66.00	38.70

출전: G. D. H. 코울의 *Post-War Condition of Britain*, p.223

총소득인구의 100분의 1보다 약간 많은 사람들에게 속해 있다.

실제로 앞의 표는 소득분배의 불평등을 '낮게' 평가하고 있다고 볼 수 있다. 왜냐하면 개인소득에만 기초하고 있고, 일부만이 수혜의 대상인 기업이윤을(자본가에게만 돌아간 다) 포함시키고 있지 않기 때문이다. 만일 개인소득뿐만 아 니라 이와 같이 분배되지 않는 이윤을 포함시킨다면 표는 사뭇 달라질 것이다. 다음의 1947년 통계(저자는 그 뒷날에 관해 전혀 모른다)는 총소득의 거의 5분의 1이 소득인구의 단지 1%에게 돌아가고 있고 반면에 소득인구의 반 이하가 총소득의 4분의 1을 얻고 있음을 보여주고 있다.

자본의 면에 있어서나 총소득의 면에 있어서나 최근에는 극심해지는 불평등의 일부를 약간 수정하려는 방향으로 변 화가 있었다. 그러나 아무리 어느 정도의 변화가 있다 해도 집중과 '양극화' 같은 본질적인 문제는 그대로 남는다. 그

<表 3> 1947년에의 분배되지 않은 이윤과 분배된
개인소득과의 누적비율[3]

소득인구의 상위 1%가 세금을 공제하기 이전의 총수입의 19%를 받음			
"	2.5%	"	"	25%	"
"	5%	"	"	31%	"
"	10%	"	"	40%	"
"	25%	"	"	57%	"
"	50%	"	"	75%	"
하위	50이하	"	"	25%	"

Dludey in *Bulletin of the Oxford Institute of Statistics*, sept. 1949, p.262.

리하여 우리가 인용한 바 있는 랭글리(Langley)여사의 조사는 제1차세계대전 이전에는 총자본의 70%를, 1924~1930년에는 총자본의 60%를, 1946~1947년에는 총자본의 50%를 재산소유자(25세 이상, 영국과 웨일즈에서)의 1%가 소유했다는 것을 보여준다.

개인소득에 분배되지 않은 이윤을 더한 더들리 시어즈(Dudley Seers)씨의 통계는 제2차세계대전 이전과 이후 사이에는 훨씬 미미한 변화가 있었다는 것을 보여준다. 상위 1%가 차지하는 몫은 1938년에는 20%였던 것이 1947년에

---

3) 물론 분배되지 않은 이윤은, 분배된 이윤과 똑같은 방식으로 주주들에게 할당된다. 그러나 소득에 분배되지 않는 이윤을 포함시킬 때에는 유의할 점이 있다. 즉 인플레이션의 상황에서는 감가상각비가 자신의 원래비용(즉 역사적 비용)을 기준으로 계산되었을 때 분배되지 않은 이윤 중의 일부는 불완전한 감가상각비를 보충하는 기금으로 간주되어야 한다.

는 19%이다. 그리고 상위 5%의 몫이 전전에 35%였던 것이 1947년에 31%이다. 이것은 나중에 다시 살펴보게 될 문제이다.

자본주의의 주요 특징에 대한 검토를 마치기 전에 한 가지 더 말해둘 것이 있다. 자본가 개인이나 회사는 그들 마음대로 할 수 있는 자유를 가지고 있다─그들이 좋아하는 곳에 자본을 투자하여, 자신들이 좋아하는 방법으로 하고 싶은 생산을 하는 자유를 말한다. 그러므로 그것은 비계획적인 체계이다. 이것이 '생산의 무정부성'이라는 용어가 사용되는 의미이다. 이는 자의적이고 무질서하게 마구 움직이는 것이 아니라 중앙의 통제가 없다는 것을 의미한다. 엥겔스가 생산의 사회적 성격과 사적 소유 사이의 모순이 증대한다고 말한 것은 바로 이 점에 대해서 언급한 것이다. 만일 생산이 '무정부적으로' 진행된다면, 가장 높은 이윤을 가져다 줄 것이라고 기대되는 것을 생산하려고 하는 각 개인회사와 사업가들에 대해서, 이것이 어떻게 하나의 체제로서 가능한가에 대하여 약간 설명해야 할 필요가 있다.

그에 대한 대답으로서, 그러한 체제의 조정메커니즘(co-ordinating mechanism)은 '시장'과 시장에서의 가격변동이다. 모든 실업인들은 무엇을 얼마만큼 생산하고, 어디에 투자하고, 노동은 얼마나 고용하고, 원자재는 얼마나 구입할 것인가를 그가 직면하게 되는 시장가격을(물론 가격이 어떻게 변동될 것인가를 추측함으로써 다소 변경되기도 한다)—산출물의 가격과 비용을 구성하는 다양한 투입물들의 가격을— 기준으로 하여 결정한다. 그러나 그러한 개인행동의 총합은 역으로 이들 가격에 영향을 미친다. 그래서 가격변동이 일어나고 따라서 개인기업은 다음의 기업행위를 준비하는 과정에서 다시 적절한 '수정'을 가하게 된다. 그리고 이러한 가격변동은 독립적이고 '개별적으로' 선택하는 우수한 개인적 결정사이에 '조화'가 이루어질 때까지 계속된다(물론 어떠한 '조화'도 불가능하여 가격은 계속 동요하게 되는 상황도 있다). 궁극적으로 어떤 개인도 또한 어떠한 개인들의 집단도 의식적으로 도모하고 계획한다고 해서 되는 것이 아니라 시장 경향의 움직임에 따라 달라지게 된다— 체제가 '객관적인 힘' 즉 '인간의 의지와는 무관한' 움직임인 '가치법칙'에 의해 규제된다는 의미이다. 이렇게 얘기하는 것은 일각에서 생각하는 것 같은 신비화는 결코 아니다.

이러한 점들로부터 많은 결과가 뒤따르는데, 여기에서는 두 가지에 대해 해명하는 것으로 만족하고자 한다.

첫째, 시장기구는 광범위한 가격변동을 나타낸다(가격변동은 어떤 상황에서는 우리가 이미 말한 대로 '균형'에 이르는 경향도 있고, 어떤 다른 상황에서는 계속적으로 가격변동이 누적되어 커지곤 한다). 이러한 가격변동과 그에 뒤따르는 산출량과 고용의 변동은 인간에게 고통과 경제적 희생, 경제적 낭비라는 부담을 강요한다. 그러한 변동은 특정 산업과 지역에 영향을 미치는 특정 상품과 시장에만 국한될 수 있다. 그러나 그것들은 체제 전반의 규모에서도 일어날 수 있는데, 이는 총생산과 투자 및 고용의 반복적인 공황 또는 주기적인 변동에서 실증되는 것으로서 자본주의 전 역사의 특징을 이룬다. 이 점에 대해서는 5장에서 다시 설명할 것이다.

둘째, 사적 개별 자본주의적 기업의 최대이윤 추구가 사회 전반의 이익과 상충되는 모든 경우에는 (그러한 경우가 매우 많은데) 자본가 개인의 이익이 우선이고, 사회의 이익은 그 다음이다. 이것은 특히 임노동자인 전반적 대중을 위한 복지시설의 미비를 잘 설명해 준다. 그것은 시장에 의해 규제되는 체제에서 중요한 것은 돈의 크기의 힘이기 때문이다. 이 힘이야말로 무엇을 생산하고, 누가 당대에 가장 좋은 알맹이를 취할 것인가를 결정하는 오직 하나의 힘인 것이다.

이러한 모든 것을 보건대, 자본주의란 하나의 시장체제형태 혹은 정치경제학에서 말한 대로 상품생산체제라고 말하는 것이 적절해진다('상품'이란 생산자가 직접 사용하기 위해 생산하는 것이 아니라 시장에 내어 교환하기 위해 생산하는 것이다). 그러나 자본주의가 시장체제나 상품생산체제의 유일한 형태는 아니다. 역사적으로 볼 때 자본가는 아니지만 상품생산과 교환에 의존하는(부분적으로라도) 사회형태는 훨씬 일찍부터 존재하였다(예를 들어 소유자 겸 생산자 유형의 '소상품생산'). 그런데 사회주의 경제는 시장과 상품생산에 의해 지배받는 것이 아니라 하더라도(사회주의 경제는 본질적으로 계획경제이기 때문에) 시장을 '활용'할 수도 있고 상품생산법칙에 의해 영향을 받기도 한다. 레닌은 그 차이점을 매우 간단하게 요약하였다. "자본주의는 노동력 자체가 하나의 상품이 되는 상품생산이 가장 고도로 발달한 단계이다."

제2장 자본주의는 어떻게 성립되는가

제2장 자본주의는 어떻게 성립되는가

자본주의 이외에도 지배계급이 노동생산자의 잉여노동이나 잉여생산물에 기생하는 계급사회 형태가 있었다. 노예소유자가 노예의 생존을 유지하는 데 필요한 노동의 이상의 것을 노예에게 강요하여 그 잉여노동을 수탈했었다는 사실을 부인하는 사람은 전문경제학자들 가운데에는 거의 없다. 혹은 봉건경제가 가지는 가장 중요한 경제적 의의는 (도덕적 의미는 제외하고) 중세의 농노 소유자가 농노의 생산물과 노동시간을 그들로부터 빼앗아감으로써 농노를 수탈한 사실이라는 데 대해서도 마찬가지이다. 실로 이들 체제의 경제적 본질을 그러한 특징적 묘사 없이 해명한다는 것은 어려운 일이다. 그러나 같은 전문경제학자들 중에서도 많은 사람들이 자본주의를 앞의 형태들과 유사하게 해명할 수 있다고 생각하지 않는다. 자본주의하에서는 노동자가 잉여노동을 고용주에게 양도해야만 하는 어떠한 '합법적' 강제도 받고 있지 않고, 우리가 보는 바대로 노동자에게 주어지는 강제는 단순히 경제적 측면의 것이기 때문이라는 것이다.

자본주의가 그 이전의 계급사회인 봉건적 농노제의 형태에서 발전하여, 이전의 생산양식인 농노노동이 임노동으로 발전한 것은, 오랜 기간 동안 복잡한 과정을 통하여 이루어진 것이었다. 이행양식이나 이행단계는 여기에서는 상세하게 다 말할 수 없을 정도로 많은 논쟁을 불러 일으킨 주제였다. 이행은 결코 단순하게 진행된 것이 아니었고, 중요한 정치적 변화들(계급이익과 국가의 정책에 있어서의 정치적 변화)을 수반한 것이었다. 상황이 각각 다른 여러 나라들에서, 봉건제의 몰락에 '위로부터'의 정치적·경제적 혁명(예를 들어 지주귀족과 결탁한 대상인에 의한)과 소생산자의 위치에서 봉건적 수탈에 대항한 소자본가들에 의한 '밑으로부터의 혁명'(한편으로는 프러시아와 일본과 같은 국가들에서의 충돌, 다른 한편에서는 영국에서와 같은 '고전적 이행의 길'4))이 행한 역할들에 대한 토론이 있었다. 그러나 무엇이 봉건사회를 해체한 주요 동력이든 이 이행은 주로 두 가지 단계로 구별될 수 있다.

---

4) 이 문제에 관심있는 사람은 『자본주의 이행논쟁』, 광민사, 김대환 편역, 1980을 참조하는 것이 좋다. 이것은 폴 스위지, 모리스 돕, 다까하시, 힐톤, 힐 등에 의해 심포지움에서 발표되었다.

첫째 단계에서 소생산자는 자신에게 부과되어 있는 봉건적 의무로부터 부분적으로 혹은 완전하게 해방되었다. 둘째 단계에서는 소생산자가 자신이 소유했던 생산수단(소규모의 토지, 가축, 농업기구, 수공업기구)으로부터 분리됨에 따라서 생존을 임노동에 의존하게 되었다. 이것은 마르크스가 프롤레타리아의 창출과 함께 '원시적 축적(본원적 축적)'의 하나라고 말한 그 과정이다. 그 과정이 가난과 부채로 인하여 토지를 몰수당하는 직접적 추방의 형태(영국 역사에 있어서 종획운동과 농민추방 같이)이든, 혹은 몇몇 지역에서 보이는 것처럼 이용가능한 땅을 초과하는 인구증가의 형태이든, 그 과정의 본질은 동일하다. 이들 형태의 처음 두 가지에서 프롤레타리아의 창출은 1장에서 얘기한 소유권의 집중의 이면이었다. 이 두 측면은 통일된 과정의 양 측면으로서 이 발전 과정의 결정적인 변수는 소생산자의 공동체가 사회적으로 경제적으로 해체되게 된 것이다. 이 과정 자체는 기존의 봉건적 신분질서로부터 공동체가 해방됨으로써, 그리고 마을의 범위를 넘어서서 시장을 위한 생산이 광범위하게 증가하고 그에 따른 화폐경제의 발달 등에 의해 촉진되었다. 이 붕괴과정은 한편, 토지를 겸병하고 소자본을 축적하며 교환을 통하여 폭리를 취하는 상층 부농이 출현하였고, 다른 한편으로는 가난하고 빚이 많아 그들이 가진 도구를 저당잡히고 마침내는 잃어버리게 되어 보다 부유한 이웃을 위해 노동해야 하는 가난한 하층이 출현하였다.

자본주의 발흥에 있어서 결정적인 국면은 소위 '산업혁명'이었다. 이 시기에 동력(처음에는 수력을, 뒤이어 증기를 사용)을 생산에 이용하는 일련의 기술혁신들이 도입됨으로써 생산과정이 크게 변화되었다. 즉 장소가 가택이나 수공업 작업장에서 공장으로 옮겨지고, 작업과정이 한 사람 또는 소수가 손으로 작동시키는 도구나 기구를 가지고 생산하던 소규모 개별 생산에서 수십 명 나아가서는 수백 명의 노동자들에 의한 집단적 과정으로 변화되었다. 이것은 총론적 은유를 추구하고 용어혁명을 경멸하는 현대 미국의 저술가들도 그 후의 상황을 자본축적과 경제적 팽창이 자체내 추진력을 확보하게 되는 산업화로의 '도약'이라고 표현할 정도로 결정적인 변화였다.

그러나 이 결정적인 변화는 단순히 기술혁신의 결과로서 발생한 것은 아니었다. 선구적인 자본가들(대체로 처음에는 소자본가들)이 얼마나 자발적으로 이 기술혁신들을 채택하고 생산과 시장의 목적에 이들을 적용시키느냐, 나아가서는 다른 자본가들에게 이것이 확대되는가 하는 문제는 오랜 기간 전개되어 온 일련의 선행하는 발전들의 성숙도에 달려 있었다. 한 가지 전제조건은 아무리 소규모라도 무역과 산업에서 자본을 사용하는 계급이 존재하는 것이었다. 또 다른 전제는 신용(credit)을 공여하고 교역판로를 제공할 수 있는 보다 실속 있는 상인자본의 존재였다. 더욱이 교역의 판로와 교통수단뿐만 아니라 이미 존재하는 시장이 있어야 했고, 무엇보다도 이용가능한 유동적인(말할 것도 없이 값싼) 공급이 있어야 했다.

자본주의적 생산관계―자본과 임노동의 관계―는 사실상 산업혁명 이전에 200여 년 동안 성숙하고 있었다. 이미 16세기에 들어서면서부터 공장 규모의 생산기반을 가지고 있던 몇몇 산업에서는 기술향상이 이루어졌다. 개량된 펌프는 보다 깊은 곳에서의 채광(採鑛)을 가능하게 하여, 광산업에서는 상당한 자본을 축적할 수 있었다(물론 오늘날 상당하다고 할 때 일컬어지는 규모는 아니다). 새로운 제염·제지·제당 방법, 화약의 발명, 원시적 용광로에서의 새로운 철 용해(溶解) 방법, 새로운 구리 제련 및 철사 제조 방법 등은 수천 파운드의 자본을 굴리는 기업에 있어서, 집중적 생산을 위한 기반이 되었다. 그리하여 엘리자베스 1세 치세의 말경에는, 그보다 훨씬 전에 나타났던 모직물 공장은 말할 것도 없고 수력, 구리·철사 세공에 기초한 화약공장과 제지공장이 출현했다. 말하자면 봉건사회의 지배적인 '외피 속에서' 서서히 성장하고 있던 자본주의 여명기(黎明期)에도 생산력의 중요한 변화가 일어났던 것이다.

그러나 이것들은 아직 예외적인 것에 불과하여 노동자의 부족으로 곤란을 겪는 일이 종종 있었고(때로는 강제로 징

발된 노동자를 고용하고 있었다. 예를 들어 광산업에서는 특히 죄수들을 고용), 지주나 부유한 상인에게서 보조를 받고, 왕권에 의존하여 특권적 독점권을 부여받았다(법정에서의 영향력을 얻는 것이 필요했기 때문에). 가장 일반적인 생산형태는, 특히 직물업에 있어서, 여전히 본질적으로는 '수공업'에 기초하고 있었다. 따라서 수공업은 여전히 상당량의 토지를 가지고서 소규모 농지 경작과 일시적 고용으로서의 수공업을 결합시킨 사람들에 의해 개인 집이나 소규모 작업장에서 수행되고 있었다. 자본은 당연히 원료를 구입하고, 생산물의 판매(때로는 완성)를 준비하는 데 필요하였다. 그런데 이것은 마을이나 도시의 교외지역에 거주하는 직인에게 일을 주문하고 여러 생산단계간의 분업(예를 들면 실잣기, 뜨기, 완성시키기)을 조직하고, 그리고 최종 생산물의 판매를 담당했던 상인(상인 겸 제조업자)에 의해 제공되었다. 그리하여 '가내공업(domestic or cottage industry)'과 '전대제도'라는 용어는 산업혁명의 이전단계에 있어서의 초기자본주의 생산형태의 가장 특징적인 것을 가리키는 데 다양하게 사용되었다. 마르크스는 산업혁명에 의해 출현하는 그후의 '공장제 기계공업(machinofacture)'과 비교하여, 이것을 '공장제 수공업(manufacture)'의 단계라고 불렀다.

그러면 도대체 왜 이것을 자본주의단계라고 부르는 것일까? 노동자가 전반적으로 프롤레타리아화한 것도 아니었다.

즉 그들은 아직 그들의 생산도구뿐만 아니라 소토지의 점유로부터도 분리되지 않은 경우도 많았으며, 생산은 분산·고립되어 진행되었고 집중되지 않았다. 당시의 자본가는 생산을 직접 지배하지도 않고 기술직인(artisancraftsman)—개인이나 가족 단위로 노동하면서 독립적인 수단을 보유함(비록 쇠퇴하여 가고 있었지만)—에게 자기 생각대로 일을 주문하지도 않는 상인이 여전히 지배적이었다.

이 시기의 상황은 과도적이고, 임노동과 자본의 관계는 여전히 미숙한 단계에 있었지만, 그중 자본은 이미 그 특징을 확실하게 나타내기 시작하고 있었다. 전대제도에서 고용주와 피고용자의 관계는 명백히 구분되는 것이었고, 가내직인(domestic craftsman)이 생산물에 대한 대가로 받은 가격은 점점 노동에 대한 대가로서의 개수임금(piece-wage)과 같아져갔다. 가내직인의 독립성과 생산도구의 소유는 단순히 명목상의 것으로 급격히 상실되어갔다. 우리가 위에서 말한 소생산양식의 해체과정은 가내수공업자(the domestic handicraftsman)의 선에서 진행되고 있었다. 경제적으로 곤경에 빠진 많은 사람들이 자신들의 독립성을 상실하고 반(半)프롤레타리아로 전락되고, 상당히 벌어들인 사람들은 어느 정도의 자본을 축적하여 가난한 이웃을 고용하는 고용주가 되어가고 있었다. 그래서 본래의 상인에 대신하여 산업에 자금을 조달하고 생산을 조직한(선도적으로 개량한)

사람들은 스스로가 생산자의 지위에서 자본가로 상승하기 시작하였다. 한층 복잡한 방직기가 발명됨에 따라 17세기 후반에 방직업에서는 이러한 기계(소자본으로는 사기 어려웠다)를 가내수공업자들에게 대여하는 것이 일반화되었고, 이것을 조달하는 특별한 회사도 세워지게 되었다. 그리고 18세기에는 이러한 기계임대료가 크게 올라, 직인들이 수탈당한 데 대해 고소하는 일이 빈발했다. 직조의 경우에는 빚 때문에 직조기를 차압당했거나, 수공업자들이 너무 가난하여 직접 구입하지 못하고 그것을 '고용주'가 소유하게 됨으로써 많은 갈등이 빈발했다(못과 연장 등의 제작을 포함한). 잡다한 금속물품 교역에 있어서 몇몇 자본가들은 직인들이 각각 자기 집에서 일할 수 있도록 전대하지 않고, 자기 집에 직인들을 모아놓고 일을 시켰다. 18세기에 이르면 철강 생산은 한층 더 집중되어갔고, 농업에 있어서는 토지소유와 경작의 집중 경향이 비슷하게 나타났다.[5]

18세기 말과 19세기에 기술변화가 더욱 광범위하게 일어나 지난 2세기 동안 진행되어온 과정은 더욱 가속화되어 결정적인 국면으로 접어들게 되었다. 그 이전과 비교하여 볼 때 발전의 '속도'는 놀라울 정도로 빨라졌다. 그렇다고 해

---

5) 이 시기의 그러한 발전상황에 대해서는 본 저자의 『자본주의 발전 연구』, 광민사, 이선근 역, 1980의 1부, 제4장에 상세히 기술되어 있다.

서 생산의 집중과 직접적으로 고용하는 자본-임노동 관계를 특징으로 하는 공장제산업에로의 변혁이 이루어지는 속도를 과장해서는 안된다. 이 변화는 매우 불균등하였고 '매뉴팩추어'의 자취는 19세기 중반 이후까지 잔존해 있었다. 그럼에도 불구하고 19세기 중반경에는 근대자본주의적 공장형태의 생산과정이 영국의 산업에서 지배적이고 전형적인 것으로 되었다. 프롤레타리아트는 부분적으로는 농촌의 잉여인구에 의해(엔클로저와 촌락직인의 쇠퇴로 인함) 그리고 부분적으로는 인구의 자연적 증가(18세기 후반에는 훨씬 더 급격하여졌지만 19세기 말경에는 다시 느슨해졌다)에 의해 충용됨으로써 급격히 증가하였는데 이는 확대되는 산업에 노동력을 공급해 줌과 동시에 축적된 자본에게 새로운 투자의 장(場)을 마련하여 주었다.

제3장 경쟁과 독점

제3장 경쟁과 독점

　자본주의 생산양식이 일단 발전의 국면에 들어서면 단순히 수취된 이윤을 축적하여 산업에 재투자함으로써 자본축적과정은 매우 빨리 진행된다. 자본축적과 투자가 증대됨에 따라 기술향상도 연속적으로 이루어진다. 이 점－자체의 생산방법을 지속적으로 변혁시킨다는 점－에 있어서 자본주의는, 적어도 그 전성기에 있어서는, 역사상 이전에 존재하였던 어떠한 생산양식보다도 훨씬 더 진보적이었다. 비록 초창기에 자본주의가 성취한 성장률도 사회주의 세계에서 사회주의적 계획경제가 최근 수십 년간 성취한 성취율과 비교하면 낮다는 한계가 있긴 하지만, 19세기의 거의 전기간 동안 자본주의는 극히 경쟁적이었다. 개별기업도 상당히 소규모이고[일반적으로 가족기업(family concerns)이나 합명회사(partnerships)] 각 산업에 많은 수가 존재하였다. 따라서 어느 기업도 시장에 현저한 영향력을 행사할 만큼 대규모적이지 못하였고, 기업간의 가격협정도 국지적 시장에서는 부분적으로 존재하였지만 오늘날만큼 일반화되지 않았었다. 자유무역과 자유경쟁은 당시의 표어였다. 각 기업가들은 끊임없이 자신의 생산물을 보다 싸게 만들 방도를 마련하지 않는다면 경쟁자에 의해 시장권 밖으로 밀려나게 될 형편이라는 것을 알고 있었다. 그리하여 기술혁신이 성공의 열쇠가 되었다. 자본은 기술혁신에 필요한 자금을 확보하기 위해 축적되었다. 동시에 임노동의 공급추세보다 자본이 더욱 빨리 축적되고 있었던 때에도(경향적으로 그러하였다) 기술혁신은 자본에게 새로운 투자의 장(場)과 출구를 제공해주었다.

　여기에서 다음과 같은 의문이 생길 수 있다. 즉 자본이 19세기의 높은 인구증가율을 상회할 정도로 빨리 축적되었다면, 왜 노동을 고용하기 위한 경쟁으로 인하여 임금(노동력의 가격)이 상승하여 이윤추구, 즉 잉여가치 창출체제로서의 자본주의의 기초를 파괴하지 않았던가? 확실히 이것은 19세기에 자본가와 자본가를 변호하는 경제학자들에게 고통을 주는 당면 문제였다. 이러한 문제는 자본주의 기본모순의 한 측면으로서 잠재적인 발생경향이 항상 존재한다고 볼 수 있다. 마르크스는 바로 이 문제에 심혈을 기울였다.

마르크스는 이러한 경향이 표면화되지 않았던 (간헐적인 경우를 제외하고) 원인으로 노동절약적인 기술혁신에 의해 실업자와 임시노동자들의 산업예비군이 끊임없이 충원되고 증가되었기 때문이라고 설명하였다. 실로 이 경향의 작용 자체가 반작용을 낳은 것이다. 노동력의 자연적 증가속도를 상회하여 자본축적이 진행되면 산업예비군이 고갈되고 잉여가치의 희생을 통하여 임금이 상승하게 된다. 이때 보다 적은 노동으로 동일한 혹은 보다 많은 산출량을 생산하는 기술혁신이 이루어지고 그 결과 산업예비군은 자동적으로 다시 증가하게 되었던 것이다. 그리하여 노동력은 예외적인 경우를 제외하고는 과잉공급 상품이라는 특성을 지니게 되고 실업이나 과소고용이 자본주의체제의 만성적인 내적 조건으로 되었다. 2장에서 살펴 본 초기자본주의단계에서는 산업예비군이 원시적 축적과정을 통해 창출되었다. 완전히 성숙한 단계의 자본주의에서는, 산업예비군이 자본주의에서 특징적으로 나타나는 기술혁신을 끊임없이 이룩함으로써 다시 보충되었다.

자본의 집적과정은 급격한 자본축적과, 이와 함께 진행된 기술혁신을 통하여 더욱 중요한 단계로 나아가게 되었다. 이것은 두 가지 차원에서의 집적이었다. 첫째, 생산단위 차원에서 집적이 진행되었다. 보다 대규모적인 생산단위에서는 한층 복잡한 기계와 기술을 도입하여 분업을 보다 세분

화시키고 여러 과정과 단계로 구별하여 분리시키는 생산과
정이 경제적 필연성으로 되었다. 원시적인 대장간은 현대적
용광로를 도입하여 통합용광로→ 코우킹→ 플랜트→ 제강소
→ 압연공장의 일관된 단위과정으로 발전하였고, 도구를 제
작하는 작업장 대신 현대적 대규모 기계 설비가 들어섰다.
그리하여 생산을 시작하는 데에 소요되는 초기자본은 수천
단위를 훨씬 넘어서서 수십만 혹은 수백만 단위로 증가되었
다. 따라서 소자본가가 독립적인 행위를 하면서 설 수 있는
여지는 점점 좁아져가고 있다. 둘째 개인기업(firm)이나 주식
회사(company)의 차원에서도 집적과 집중이 일어났다. 개인
이 소유하는 자본의 보다 큰 집적이 진행되었고, 현대적 주
식회사를 설립하기 위해 많은 개개의 자본들이 통합되었다.
   그러나 집적과정이 활발해짐에 따라, 소규모 기업형태의
자본주의 초기단계에서 일어났던 사태인데 상품의 가격을
보다 낮게 하여 시장을 보다 많이 장악하려는 경쟁(가격경
쟁)이 방해받고 있었다. 집적은 독점의 기반을 조성하는 것
으로서 다양하게 진행되고 있었다. 독점의 본래 의미는 어
떤 물건을 혼자 차지하여 혼자만이 파는 것을 말하지만 경
제용어로는 상품의 공급과 가격에 영향을 미치는 힘이라는
의미를 가진다. 물론 이것은 정도의 문제이고 경제적으로
의미를 갖기 위해서 절대적일 필요는 없다. 만일 어느 자본
주의적 기업이 시장상황과 시장가격에 중대한 영향을 미칠

수 있을 정도로 생산량이 대규모라면, 같은 산업에서 경쟁적인 다른 작은 기업들이 아무리 많아도 상당한 정도의 독점력을 가질 수 있을 것이다. 시장 지배가 독점력의 기준이긴 하지만 시장지배 자체는 독점의 궁극적인 목적을 실현하기 위한 수단 이상의 의미를 가지지 못한다. 자본주의의 동기와 추진력이란 이윤에 있기 때문에 독점의 목적도 생산량의 제한과 가격상승을 통한 이윤증대에 있다.

오늘날 널리 유행하고 있는 시장지배의 한 가지 방법으로는 '특제품'을 개발하는 것이 있다. 이는 새로운 스타일이나 모델을 개발하고 상표나 등록상표를 새로이 하며, 그 상품을 사도록 구매자를 유혹하고 강요할 수 있는 판매술과 선전을 개발하는 (판매 대리점과 배타적이고 유리한 계약을 동시에 맺는다) 등등의 형태를 취한다. 그리하여 자기 상품이 우세하게 되는 시장을 창출해낸다. 또 다른 하나의 방법으로는 관련기업간에 매매협정을 맺거나, 보다 강력한 기업들이 자신의 '영역'에 침입해오는 기업에 압력을 가하여 작고 취약한 경쟁자들이 자기들의 요구에 따르는 것이 좀더 안전하다고 느끼게 하여 '영역'을 방어하는 시장분할이 있다. 이와 같은 것은 '가격선도제(price leadership)' 사례로 알려져 있는 시장상황에서 일어나는데, 여기에서는 하나의 대기업(혹은 대기업군)이 상당히 많은 수의 소기업과 더불어 한 산업 내에 공존한다. 그들 사이에 뚜렷한 협정은 없고 소기업들은 독립적인 경쟁자로 존재하나 대기업은 자신에게 가장 유리하게 가격을 고정시키고 소기업들은 이에 대항하여 가격을 내리지 못하고 강력한 경쟁자와 가격전쟁을 하는 것보다는 남겨진 시장 부분을 차지하는 것으로 만족한다.

그리하여 독점은 경쟁이 완전히 배제된 상태는 아니다. 높은 독점력을 가지고 있으면서도 그것을 더욱 증대시키려고 하는 기업간에 경쟁과 충돌이 여전히 일어나고, 대기업과 그보다 작은 기업간에도 경쟁과 충돌이 계속 일어난다. 문제의 초점은 경쟁형태가 변하는 데에 있다. 19세기식의 가격경쟁 대신에 광고전쟁과 판매경쟁이 있다. 소매 가격 유지를 강요하고 가격을 내리는 판매자를 추방하기 위해 협정을 맺는 경우는 말할 것도 없고, 보이콧이나 유통 부분의 기업들과의 조건부 계약과 같은 방법 등을 통하여 소비자들뿐만 아니라 경쟁기업들도 하나의 계열로 묶는다. 마지막으로 자기의 시장권에 대한 침입에 대비하여 자신들에게 유리한 계약이나 재정적 보호를 확보하기 위하여 정치적인 영향력을 사용하기도 한다. 이것은 가격저하가 결코 일어나지 않는다는 것을 의미하지는 않는다. 석유독점체의 역사에서 몇몇 사례들이 보이는 것처럼 확실히 가격전쟁은 발생한다. 그러나 이것은 휴전기간이나 협정기간 사이에 일시적으로 일어나는 데 그치기 쉽다.

독점의 가장 완전한 형태는 경쟁기업들이 하나로 통합되

는 것에 동의하거나 또는 그중에서 가장 큰 대기업에 나머지가 흡수됨으로써 성립되는 합병이다. 이것보다 덜 완전한 것은 각 기업들이 개별적 성격을 각각 유지하면서 주식을 교환하거나 '통합이사회(interlocking directorates)' 또는 이익공동체 협정 등에 의해 이해관계가 상호연계된 기업연합(combining), 혹은 많은 위성기업들에 있어서의 주식을 통제하는 지주회사이다. 때때로 지주회사란 용어는 모(母)기업에서 비교적 소규모의 자본을 소유하고 있는 일 개인이나 한 집단이 총자본에 있어서 이 자본 규모보다 수백 배나 많은 기업들을 지배하는 '피라미드화'라고 불려지는 장치를 지칭하는 데 사용되어 왔다(1929년 재정파탄으로 몰락한 미국의 금융업자인 인슐씨의 악명높은 대기업군이 그 좋은 예). 이것보다 더욱 느슨한 시장협정 형태가 있는데, 그것은 각 기업이 생산단위로서의 독립성을 가지며 각각의 판매활동의 조정을 위한 몇 가지 방도를 사용하는 것이다. 이러한 유형으로 가장 잘 알려진 것은 카르텔인데, 가장 완결된 형태로서는 피라미드계열 기업의 생산물의 시장판매를 맡거나 통제하기 위해 설립된 판매 신디케이트이다. 가격을 유지하기 위해서는, 바람직한 최저가격을 유지하기에 적합한 총생산량을 배정하는 생산할당제가 있다.

그러나 만일 산출량이 제한된다면, 생산설비(공장 규모나 기계의 규모) 역시 제한되어야 한다. 이것은 문제의 산업

분야에 새로운 기업이 뛰어드는 것을 방해하는 방법으로 실현되어야 한다. 물론 만일 새로운 기업들이 설립된다고 한다면 이미 확보하고 있던 그들의 독점적 지위는 오래지 않아 손상된다. 따라서 이미 존재하던 기업들이 가격을 인하할 가능성만이 아니라, 높은 독점이윤을 누릴 것을 기대하고 새로이 출현하는 기업들이 실시하게 될 가격 인하의 위험도 있다. 물론 이것은 독점적인 협정이 매우 느슨한 지역과, 중소자본 기업들이 설립되어 시장에 발을 들여놓기가 어렵지 않은 산업에서 일어나는 것이다. 이 때에는 독점가격이 심각하게 인하되는 일은 발생하지 않는다 하더라도 결국은 많은 대기업들이 한 산업분야에 모이게 되어 그 중에 어떠한 기업도 완전한 가동률을 유지할 수 없게 된다(시장의 규모가 가격등귀나 이윤폭에 의해 규제되는 것은 아니다). 그러나 많은 산업들의 경우 소규모로 생산을 시작하는 것은 경제적으로 가능한 일이 아니다(기술의 특성과 비싼 창업 설비들 때문에). 여기에서 그 산업에의 진출이 대규모의 창업 자본을 가지고 있는 자들에게만 제한되는 것은 필연적이다. 그래서 기존의 기업들은 먼저 출발하였기 때문에 침입자들로부터 보호받을 수 있다는 커다란 이점을 갖게 된다. 또한 나아가서는 새로 설립할 때의 초기 비용뿐만 아니라 기존 기업들의 희생 위에서 발을 들여놓을 때 따르는 손실위험 때문에 기존 기업들과 경쟁하면서 새로운 기업들이 설립되는 것은 저지된다.

그러나 새로이 부상하려는 경쟁자들의 도전에 직면한 독점이 안전할지 모르지만, 자체 내의 심각한 문제에 부딪히게 된다. 말하자면 생산 규모의 확대가 억제될 경우 자신의 독점이윤을 동일산업에 재투자할 수 있는 길이 막히게 된다. 그러면 이 이윤을 어디에 투자할 것인가? 독점산업의 보다 고도화된 독점이윤은 틀림없이 자본축적을 고도화하는 데 사용될 것이다. 대기업들이 사내유보(company reserves)의 형태로 자본을 축적하는 것은 현 단계의 주요한 특징이다. 그래서 투자의 대부분은 이러한 기업의 '내부 축적'으로부터 자금이 조달되는 것이다. 따라서 독점산업 분야가 아닌 다른 산업 부분에 투자하고자 하는 충동은 강화된다.

이것이 독점자본주의 단계에서의 주요 모순이다. 대기업 간에 경쟁이 계속되고, 보다 크고 강한 지배력을 얻으려는 충동이 계속 높아져 가는 한 동일산업, 즉 독점부문에 재투자하는 경향이 심화된다. 이 재투자가 이루어지는 만큼 완전히 사용될 수 있는 규모를 초과하는 과잉생산능력이 창출되고 그렇게 되면 높은 이윤차액[6]에도 불구하고 투자자본 1파운드당 이윤율은 저하하게 될 것이다(실현될 수 있는 총

---

6) 여기에서 이윤차액이란—(a) 총이윤(생산되어 판매된 양에 따른), (b) 투자된 총자본에 대한 총이윤의 비율인 이윤율을—(a), (b)와는 구별되는, 생산되어 판매된 산출량의 각 단위당 획득된 이윤량을 말한다.

이윤은 시장에서 당시의 독점가격으로 거래될 총상품량에 의해 제한되는 반면에, 자본량이 증가했기 때문이다). 이러한 일이 발생하면 독점산업부문에의 재투자는 정체되고 그 대신 다른 투자기회를 찾아야 하는 압박이 심화될 것이다.

이 다른 투자기회는 어디에서 찾을 수 있을까? 첫째, 새로이 참여하는 데에 제한이 없고 상대적으로 손쉬운 훨씬 소규모의 경쟁산업에 투자가 행해진다. 따라서 이 산업부문에서도 경쟁이 강화되고 그에 따라 이윤이 저하된다. 이윤의 저하로 인해 광범위한 투자가 매력 없는 부분으로 되고 만다. 비록 몇몇의 경우에 독점기업은 물론 이러한 산업도 합병하여 그들의 지배하에 두게 된다. 둘째, 보다 큰 가능성을 갖는 것으로서, 경제적 저개발지역에로의 자본수출이다. 이들 저개발지역은 노동력이 풍부하고 값이 싸며 원료자원이 풍부하여 높은 이윤율을 얻을 수 있다. 이들 지역은 수탈하기에 유리한 미개척지로서, 자국에 유리하도록 독점조건과 정책을 재생산하는 데 매우 적절한 장소이다. 특히 정치적 압력과 지배가 경제적인 특권을 보호할 수 있게 되면 더욱 유리하게 된다. 이것이 선진자본주의 국가에서의 독점의 성장이 저개발국가들에 대한 현대제국주의의 정치·경제적 침투(궁극적인 지배에까지 이른다)와 관련되는 한 가지 방식이다(나는 이것이 유일한 방식이라고 보지는 않는다). 19세기의 최후의 10여 년 간은 한마디로 '아프리카 쟁탈전'

이라고 표현될 수 있는 시기였다. 이 10여 년 동안에 아프리카 대륙의 대부분은 주요 열강들의 배타적 식민지로 분할되었다. 거의 같은 시기에 영국과 독일은 중국에서 새로운 이권을 확보하게 됐고 독일은 동방에의 열망(Drang nach Osten) 때문에 발칸반도를 거쳐 중앙아시아로 진출하였다. 그리고 19세기 말부터 20세기 초에 걸쳐서 점진적이나마 '달러외교'의 급속한 전개는 라틴아메리카와 태평양을 향한 정치·경제적 침투를 감행시켰다. 제1차세계대전까지 영국의 자본가계급이 소유한 총자본 중 4분의 1 내지 3분의 1 정도가 해외로 진출하였다. 따라서 영국 자본주의에 관한 한, 특히 영국 독점자본에 관한 한 대영제도(The British Isles)는 정치·경제적 대제국의 중심국이었다. 물론 영국은 보다 초기(자본주의 첫 단계인 중상주의)에 식민지 인도에 대한 지배력을 결코 포기하지 않았고, 지금은 인도뿐만 아니라 이집트와 수단, 아프리카 동부와 서부, 극동 등지에서도 경제적 이익을 누리고 있다.

물론 외국에 대한 투자는 새로운 것이 아니었다. 영국의 경우 19세기 초부터 금융업을 전문으로 하는 도시의 대(大)상인은행가들이 보증하는 외국 증권들이 런던 자본시장에서 많이 나타났었다. 이 때 외국 증권들은 대부분 정부차관이나 정부보증차관이었고, 로스차일드(Rothschilds)와 같은 대부업자는 차입자에게 반드시 조건을 붙이기는 했지만 그러한 차관으로 직접적인 수탈이나 지배는 하지 않았다. 영국자본은 19세기 중반 동안 유럽과 미국의 철도건설에 자금을 조달하는 데에 참여하였다. 그런데 새로운 제국주의 단계에서의 자본수출의 질적인 차이점은, 그것이 차츰 광산과 플랜테이션, 공공시설, 제조업 분야 등에 직접 투자의 형태를 취해갔다는 점이다. 회사들이 특히 자국회사의 계열회사나 자(子)회사로서 식민지 지역에 설립되었고, 모두 광범위한 독점적 특권을 그곳에서 향유하였다.

이러한 새로운 제국주의에 관해 많은 책들이 씌여졌다(J. A. 홉슨, 레오나드 울프, 루돌프 힐퍼딩이 쓴 유명한 저작도 포함하여). 그러나 세계적으로 가장 광범위한 영향을 미친 것은 아마도 제1차세계대전 당시에 쓰여진 레닌의 『제국주의론: 자본주의 최후의 단계』였다. 그가 제국주의의 주요 특징이라고 들고 있는 것을 요약하면 다음과 같다.

① 생산과 자본의 집적이 고도로 발전하여 경제적으로 결정적인 역할을 하는 독점이 형성된다. ② 은행자본이 산업자본과 결합하였고 이 '금융자본'의 기초 위에 '금융과두제'가 창출된다. ③ 상품수출과는 구별되는 자본수출이 극히 중요하게 된다. ④ 세계를 장악한 국제독점자본이 성립한다. ⑤ 선진자본주의 열강들간에 세계영토의 분할이 완성된다(6장 참조).

식민지에로의 자본수출과 식민지에 대한 본국의 대기업

과 금융기관의 직접 투자가 존재한다는 말은 잘못 이해해서
는 안된다. 왜냐하면 제국주의는 식민지를 개발하는 데 진
보적인 역할을 한다는 주장이 간혹 있기 때문이다. 그러나
강조되어야 할 것은 수출생산의 개발에 이 투자의 대부분이
투여되었고, 식민지 자체의 시장을 위한 생산을 개발하는
데는 소량만이 투여되었을 뿐이라는 점이다. 1차산업적 생
산(광산, 플랜테이션 등)의 수준을 넘어서더라도 새로이 설
립되는 산업은 식민지 국가 전체의 경제체제보다는 제국주
의 국가의 경제체제와 깊은 관련을 갖는 고립된 영역을 식
민지 내에 형성하는 경우가 (베네수엘라는 이에 대한 적절
한 예라고 지적되고 있고 중동지역의 산유국들도 마찬가지
이다) 대부분이다. 대부분의 외국 자본이 수출산업에 투자
되었던 것은 19세기 영국의 경우에도 그러했지만 20세기의
미국투자의 경우 더욱 뚜렷하게 나타난다(예를 들어 1920
년대와 1945년 이후). 어떤 통계를 보면 1947년에서 1949
년의 전후 3년간 미국이 행한 해외 투자의 10분의 9이상이
직접 기업투자였고, 5분의 4가 식민지나 반식민지에 투자되
었다. 식민지 및 반식민지에의 투자 중 10분의 9정도가 석
유부문에 집중되었다. 1940년대 말까지 해외에 투자된 미
국자본 가운데에서 거의 반은 선진국가들에게, 나머지 반은
저개발 후진 지역에 투자되었다. 그리고 저개발 지역에 주
어진 것 가운데 거의 3분의 2가 주로 수출을 위한 1차산업

또는 천연자원 개발산업에 집중되었다.[7]

독점자본주의의 발전이 제국주의 중심부에 위치한 국가
들에 미치는 효과도 또한 따져봐야 하는데, 하나의 경제체
제로서의 자본주의에 이러한 발전이 가져온 일반적인 효과
는 어떻게 요약될 수 있는가? 독점체들이 시장지배와 독점
가격경쟁을 통하여 다른 때보다 더 많은 총이윤을 누릴 수
있었던 데에 대해서는 이미 살펴보았다. 만일 과잉설비의
증대로 상쇄되지만 않았다면 독점산업은 투자된 단위자본
당 '정상', 즉 '평균' 비율보다 높은 이윤율을 누렸을 것이
다. 그러면 과연 누구의 희생으로 이러한 보다 많은 총잉여
가치가 획득되는가 하는 문제가 생긴다.

물론 이에 대해, 독점상품을 구입하는 모든 소비자로부터
무차별적으로 획득된 것이라고 말할 수 있다. 그러나 이것
은 우리의 현실과 거리가 매우 멀다. 왜냐하면 어떤 특정
소비자집단이 실질소득(구입할 수 있는 물품의 양)의 감소
를 감수해야 하는가의 여부는 그 집단이 생계비 상승에 맞
추어 화폐소득을 상승시킬 수 있는지의 여부에 달려 있기
때문이다. 예를 들어 노동자계급은 실질임금을 낮추고 그만

---

7) R. Nurkse 교수의 『저개발국가에서의 자본형성의 제문제』 p.82~
83을 참조. 저자는 이 책에서 "외국자본은 저소득 국가의 경제를 내
부적으로 발전시키는 것이 아니라, 원자재와 식량의 수출을 위한 생
산으로 생산구조를 특징지우고 강화시킨다"(p.84)고 결론짓는다.
Paul Baran의 『성장의 정치경제학』 p.173~200도 역시 참조

큼 이윤을 늘리는 독점가격정책의 제일차적 피해자일 수 있
다. 그러나 궁극적으로 이러한 일이 발생할 것인가의 여부
는 화폐임금의 인상을 관철시키는 노동조합의 역량에 달려
있다(만일 노동조합의 임금인상교섭 때문에 임금소득이 상
승된다면 노동자들에게 '인플레이션'을 유발시켰다는 비난
이 쏟아질 것이다. 왜냐하면 인플레이션은 임금 분배분을
'자동적으로' 낮추는 메커니즘들 중의 하나이기 때문이다).
아마도 조직 노동자 계급 이외에 소득을 올리기 위한 조직
이나 사회적 '연계'가 없는 집단에서 손해를 감수하여야 할
가능성이 더욱 크다. 예를 들어 중소봉급생활자와 전문직
종사자 등의 소위 '중산층'이라고 불리우는 그들이 독점가
격정책으로부터 피해를 본다는 사실로 인하여 독점자본주
의 시대에 있어서 조직된 노동자 계급과 이 집단과의 사이
에 연합이 형성될 수 있는 경제적 기초가 제공된다(물론 이
들은 노동자들보다 자신들이 수탈당하고 있다는 사실을 뒤
늦게 인식한다).

  그러나 다른 가능성도 존재한다. 독점자본가는 아직도 경
쟁적인 산업부문(혹은 보다 경쟁적인 부문)의 자본가들을
희생시켜 이익을 얻는다. 다른 말로 하면 자본주의에 의해
창출된 총 잉여가치를 재분배하는 것이다─독점자본가들에
게 유리하게 자본가들 '사이에' 재분배하는 것이다. 자유경
쟁적8) 자본주의하에서 관철되고, 모든 자본에게 잉여가치가

똑같이 평준화되던 경향은 독점부문과 경쟁적 부문(여기에
서 그것은 상당히 덜할 것이다) 간의 차별적 이윤율로 대체
되었다(또는 적어도 수정되었다). 물론 이것은 사실을 매우
단순화시킨 것이긴 하지만 사태의 본질적인 요소를 드러내
준다. 독점자본주의단계에서는 이윤율의 차이가 자본가계급
자체 내에 중요한 충돌이나 분열을 일으키는 기반이 되기
때문이다.

마지막으로 기억해 두어야 할 것은 독점부문의 높은 이
윤율(어느 정도는 제국주의 국가전반의 이윤율)에 있어서
중요한 부분들은 식민지와의 경제관계로부터 추출된 부가
적 이윤(초과이윤)이라는 것이다. 이 경제관계에는 다음과
같은 다양한 형태가 있다. 높은 이윤율을 획득하는 자본수
출, 독점권과 직접적 수탈을 위한 특권적 조건을 인정받는
소위 '양보' 조항의 확보(중동에서의 석유회사처럼), 유리한
교역조건으로 진행될 수 있는 무역관계(싸게 사서 비싸게
파는 것)9) 등이다. 이 때의 교역조건은 독점적 무역회사는
물론 식민지 생산물을 수입하거나 식민지 (및 반식민지) 시

---

8) 이윤율에 차이가 있는 한 자본은 이윤율이 낮은 곳에서 높은 곳으
로 이동하는 경향이 있고, 또한 자본이 이동함에 따라 이윤율은 평
준화되어 간다(자본이 모이는 곳에서는 이윤율이 낮아지고, 자본이
소멸되는 곳에서는 이윤율이 높아진다). 그러나 어떤 사업에서 새
로운 자본의 진입이 저지되기 때문에 자본이동은 자유로이 진행될
수 없어서, 이러한 평준화 경향은 안전하게 작동되는 것이 아니다.

9) 이것을 '정치경제학' 교과서에서는 '부등가 교환무역'이라고 부른다.

장에 수출하는 자국의 광범위한 자본주의적 기업에 보다 높은 이윤을 보장해 주는 것이다. 이 이윤의 일부는 제국주의 국가의 노동자에게도 돌아가며 때로는 상당한 양이 주어지기도 한다.

일반적으로 독점의 효과는 제한이다—가격을 유지하기 위해 생산량을 제한하고, '시장을 청산하기' 위한 가격인하에 제동을 걸어 과잉설비의 문제를 악화시키고, 기술혁신으로 생산물의 가격이 계속 낮아지는 경향을 억제한다. 특히 본장 서두에서 기술혁신은 자본주의적 경쟁의 주된 특징의 하나로 지적한 바 있다. 그런데 독점은 이 기술진보를 촉진하는 것이 아니라 저해한다고 생각할 수 있다(낡은 생산방법에 투자된 자본가치를 유지하기 위하여). 사실 독점체들이 특허권을 사들임으로써 그 특허를 사용하지 못하도록 한 예도 많이 있다. 그러나 우리가 지난 반세기를 되돌아보면, 간혹 있었다 하더라도, 자본주의 국가들에서 기술혁신이 약화되었다는 증거는 많이 찾아볼 수 없다. 제2차세계대전 당시와 그 후에 놀라운 기술혁신이 이루어지고 새로운 산업, 생산물, 생산과정들이 나타나게 되었다. 어떤 경제학자들은10) 이것을 근거로 하여서 다음과 같이 주장하였다. 독점은 자본을 대규모로 동원시킬 수 있기 때문에 큰 위험을 감당할 수 있고 연구에 착수하여 그 결과를 보다 효과적으로

---

10) 특히 Joseph Schumpeter.

적용하는 계획을 수립할 수 있다. 이 때문에 경쟁단계보다 더욱 발전된 기술혁신을 낳은 것이며 결정적인 기술혁신은 전쟁과 국가 기구의 통제에 의한 통상적인 자본주의적 동인의 억압과 전시경제의 필요 등에 따른 부산물이었다고 주장될 수도 있다. 어느 정도 이것은 사실일 것이다. 그러나 그러한 문제에 대해서는 간단히 다음과 같은 해답이 내려지는 것이 아닐까?11) 기술진보는 독점 때문이 아니라 독점에도 '불구하고' 진행되었다. 즉 자본주의적 통례와 동인의 한 형태로서의 독점 그 자체는 순전히 제한적인 성격을 갖지만 자본주의적 독점의 기초인 생산의 집적은 보다 급속한 변화를 추진하는 경향이 있으며 또한 완전독점은 드물기 때문에 따라서 독점자본가들사이에 격렬한 경쟁이 있다는 점도 염두에 두어야 한다.

다음의 것을 강조하는 것으로 이 장을 끝내기로 하자. 독점은 자본주의 내에서의 힘의 집적을 내포하기 때문에 사회와 정부정책에 대해 보다 강하고 밀착된 정치적 통제를 가져온다. 그리하여 국가는 자본주의와 자본가계급의 이익을 대변할 뿐만 아니라 자본주의 내에서 지배적인 독점가 집단의

---

11) 레닌은 "독점은 생산의 사회화를 급격히 발전시킨다", "기술혁신과 개선과정은 사회화된다", 그리고 "제국주의 단계에서는 그러한 쇠퇴 경향이 자본주의가 급격히 발전될 가능성을 배제하는 것이 아니라 자본주의는 그 이전보다 더욱 급격히 발전하고 있다"고 말하였다(『제국주의론』, 1장과 10장에서).

이익도 대변하여 다른 자본가들을 희생시키는 한이 있어도 후자의 이익을 보다 더 대변한다. 이것은 마지막 장에서 국가자본주의의 발달에 대해 설명하게 될 때를 대비하여 꼭 기억해 두어야 한다. 제2차세계대전 직전에 미국상원은 무엇이 '경제력의 집중'이라고 불리워지게 되었는가를 조사하는 특별위원회를 구성하였다. 그리하여 두 사람의 저명한 조사 위원들(Berle과 Means)이 전쟁기간 중에 다음과 같은 사실을 발견하였다. 비은행법인의 부(富)의 거의 절반이 200개의 회사에 의해 지배받았고, 이들 거대기업들은 다른 기업들[12]보다 2배 내지 3배 더 빨리 성장하고 있었다는 것이다. 이들 조사위원들은 다음과 같이 그것을 요약하였다. "현대적 기업의 발흥은 현대국가와 대등하게 경쟁할 수 있는 정도의 경제력의 집중을 가져왔다… … (그리고 그것은) 장래에는 사회조직을 지배형태로서 국가를 능가할 가능성도 있다."

---

12) 1947년 미국 연방 무역위원회의 한 조사에 의하면 135개의 기업, 즉 전체의 0.5%에 해당하는 기업들이 전체 총자본 가운데 45%를 지배한다고 한다(Review of Economics and Statistics, Nov. 1951).

제4장 이윤율 저하와
노동자의 몫

제4장 이윤율 저하와 노동자의 몫

자본주의의 미래에 대한 사회주의자의 예측은 맞지 않았
다. 따라서 경제체제로서의 자본주의는 점차 쇠퇴하여 마침
내 사회주의에 의해 대체될 것이라고 주장할 근거는 없어졌
다고 하는 이견이 나오게 되었다. 이는 임금소득자의 생활
수준이 지속적으로 열악화되었고, 자본의 이윤율은 점차 하
락한다고 주장한 마르크스의 말과는 달리, 실제로는 그 가
운데 아무 것도 일어나지 않았기 때문이다.

만일 어떤 경제학자라도 그의 저작, 그것도 100여 년 전
에 쓴 저작에서 오늘날의 세계상황에 대하여 과감하게 예측
해본 주장이 그후의 현실을 돌이켜 볼 경우 모두 정확하게
맞아떨어진 것이 판명된다면, 이는 실로 놀라운 일일 것이
다. 예측한 것들 중에서 일부만이라도 실제로 일어났다면

역시 놀랄 만하고 중요하게 부각될 것이다. 마르크스의 경우에 그도 확실히 오늘의 세계에 대해 예측하지 못한 것이 많았다. 어떤 것들은 그가 감히 예측할 수도 없었던 일이었고, 그가 잠정적으로 예측한 몇 가지 점들은 그후의 역사와 부합되지 않았다(또는 부분적으로 맞았을 뿐이다). 그러나 앞에서 살펴본 경제적 집중, 계급투쟁과 조직된 노동운동의 성장, 사회주의 역사의 지평에 부상한 사실 등과 같은 주요 경향에 대해서 마르크스는 19세기의 어떤 경제학자보다도 놀라울 정도로 정확한 통찰력을 가졌다.

이윤율 저하 경향에 대해서는 다음과 같은 사실을 지적해둘 필요가 있다. 19세기 초반과 중반의 모든 경제학자들은 '정체상태'가 도래하여 더 이상의 자본축적의 유인을 주지 못할 정도로 이윤이 낮아지리라고 생각하였다. 그들 중 몇몇은 이런 상태가 바로 눈 앞에 다가왔다고까지 주장하였다.13) 또한 노동력의 공급이 수요보다 더욱 빨리 증가할 때마다 임금이 생존수준으로 저하되는 경향이 있다는 비관적인 견해를 갖는 경제학자들도 많았다(물론 그들은 노동조합 조직이 미약하거나 존재하지 않던 때에 살고 있었다). 마르크스가 적어도 몇 가지 점에서는 당시의 지배적인 의견들에 동의하면서 그러한 일들이 가까운 장래에 발생할 것이라고

---

13) 그들 중 한 사람은 J. S. Mill이었는데 그는 당시 대규모 외국투자만이 그것의 발생을 미리 막아왔다고 생각했다.

인정한 것은 당연한 일이었다. 그러나 그가 '이윤율 저하 경향'에 대하여 언급하면서 명시적으로 또한 상세하게, 반대로 작용하는 경향들을 강조하면서 이것은 하나의 경향에 불과하다고 말한 사실을 기억해야 한다. 이 점에 대해 간단히 살펴보면, 그가 이 경향의 근거로 본 것은 기술진보가 생산에서 '산 노동'에 대한 '축적된 노동(공장과 기계)'의 비율을 증가시킨다는 사실이었다. 그리고 그가 얘기한, 반대로 작용하는 경향 가운데에는 기술진보가 기계 자체의 생산비를 낮추는 효과와 생산성 향상으로 인해 각 노동자가 생산해 내는 잉여가치량이 증가하는 효과를 가져온다는 점이 있었다.

마르크스는 또 자본주의가 발전하면 할수록 실질임금이 점차 저하된다고 예측하였는데, 이것은 오류로 판명되었다고 생각하는 사람들이 많다. 그러나 그렇게 생각하는 것은 오해이다. 마르크스는 이에 대하여 많은 얘기를 하지 않았다. '궁핍화의 증대'와 '점증하는 비참'에 대한 준거 기준으로서 자주 인용되는 부분(『자본론』 Vol.1, 25장, '축적의 일반적 법칙' 3, 4절)을 보면 그가 주로 생각한 것은 실업 상태에 있거나 만성적으로 불완전취업 상태에 있는 산업예비군이었고, 거기에는 물질적 생활수단의 결핍뿐만 아니라 불안전성, 인간의 지위와 직업에 대한 긍지의 상실, 정신적 타락과 무지 등을 그들의 운명 속에 포함시키고 있었다는 것이 명백해진다. 어쨌든 이 경향에 대해서도 반대로 작용하는 요인들이 있다. 그런데 바로 이 25장의 3절 끝머리에서 그는, '자본주의적 생산의 본질적 법칙이 노동자계급에게 미치는 파괴적인 영향을 타파하거나 약화시키는' 노동조합의 역량을 칭찬하고 있다. 다른 곳에서 마르크스는 소위 '임금철칙설(사실은 라살레(Lassalle)의 말인데도 마르크스의 말이라고 잘못 알고 있는 경우가 종종 있다)'을 강력하게 부인한다. 그래서 노동조합이 일시적으로 노동력의 '시장가격'을 노동력의 가치 이상으로 올릴 수 있을 뿐만 아니라 시간과 장소에 따라 변화하는 '사회적 역사적 요소'가 노동력의 '가치(또는 일반적 수준)'에 포함되기 때문에 노동력의 '가치'가 역사적으로 변화한다는 사실을 강조하였다.

어쨌든 마르크스가 더욱 중요하게 여긴 것은 그러한 경향이 구체적으로 어떻게 발생하는가 하는 것이 아니라 '제모순'과 그 모순으로 인해 발생하는 사회적 갈등이었다. 앞에서 살펴본 것처럼, 이들은 그 구체적 형태는 변화하였을지라도 지난 세기 이래 결코 완화되지는 않았고 반대로 더욱 첨예하게 되었다. 임금과 이윤으로의 국민소득의 분배를 둘러싼 계급갈등은 더욱 광범위하게 존속되었고, 강력하고 지속적인 조직도 출현하였다. 그리고 간헐적인 충돌로 나타났던 시장경쟁에 거대독점체간의 더욱 치명적인 싸움이 중첩되었다. 당시의 사람들이 '달러외교'라고 표현한 제국주의는 오늘날에는 냉혹한 '핵외교'로 대체되고 있다. 양차 세계대전사이의 시기에 가장 심각하고 파괴적인 경제공황과 침체가 나타나 강단 경제학자들도 경제적 불황이 다시 도래하였다고 떠들어대게 될 정도였다. 전후 12년간 지속된 호황기에는 그러한 불황 개념을 1930년대의 특수한 역사적인 사건으로 취급하려는 경향이 유행하기도 하였다. 그러나 본서를 집필하던 당시에는 미국의 경제학자 폴 스위지가 '완만한 불황'이라고 일컬은 새로운 '경기침체'로 미국이 빠지면서(Monthly Review, 1958, 6월) 지난 10년간 유행어였던 말이 매우 애매해졌다. '미국의 번영기'라는 말이 유행하던 1920년대에도 그 직후에 재난이 닥쳐왔던 기억이 되살아나게 된다.

그러나 수차례 토론거리가 된 이러한 경향은 상당히 명백한 사실이거나 아니면 적어도 유용한 통계를 통해 증명될 수 있을 정도로 명백한 사실이다. 마르크스가 얘기한 이윤율 저하경향의 주요 근거는 그가 '불변자본'이라 불렀던 노동에 대한 고정자본의 요소(기계 등)의 비율이 증가한다는 것이다. 이것은 확실히 발생한 사실이다. 영국에서는 1870년에서 1938년 사이에 노동자 1인당 실질 자본양은 거의 2배로 증가한 것으로 추정되었다. 즉 만일 벽돌과 철강의 단위로 환산하여 계산해 보면 각 노동자가 평균적으로 사용한 장비는 1870년에 비해서 1938년에는 두 배로 증가했다.[14]

미국에서도 1930년대는 예외지만, 1870년 이후 자본은 노동력보다 항상 더 빠른 속도로 증가하였고 어떤 때에는 2배 정도로까지 빨랐다.[15] 그런데 마르크스가 말한 반대로 작용하는 경향 가운데에 노동생산성이 높아짐에 따라 '상대적 잉여가치의 증가(즉 총산출량 가운데 잉여가치가 차지하는 부분)'가 있다.[16] 기술이 발전함에 따라 노동생산성이 증가하였다는 것은 의심할 여지가 없는 사실이다(1870년에서 1938년에 미국에서는 2배로 증가하였고, 1924년에서 1937년 사이에는 제조업부문에서 40%가 증가했다). 더욱이 노동자가 소비하는 물품, 즉 '임금재'의 노동생산성도 상당히 증가하였다. 그러나 1870년 이후 실질임금은 정체하지 않고 상승하였다. 이에 대한 주요 원인은 명백히 노동자조직의 역량이 증가했기 때문이다(물론 다음의 것들도 원인으로 기억되어야 한다. ① 생산성이 향상되고 '상대적 잉여가치' 가 증가하여 자본주의는 자체의 자본축적과정에 상충되는 효과를 보지 않으면서 노동자에게도 증가된 몫을 일부 분배

---

14) Phelps Brown and Weber, *Economic Journal*, June 1953, p.266. 그러나 노동자 1인당 생산성이 향상되었다는 것은 반드시 가치로 표현된 노동자 1인당 자본량이 증가한다는 것을 의미하진 않는다.

15) W. Fellner, 『경제활동의 추세와 변동』, 뉴욕: 1956, p.242.

16) 보다 높은 생산성은 그 자체 생산물의 가치를 더욱 낮추는 기능을 한다. 노동자가 소비하는 상품의 가격이 하락하고 실질임금이 고정 불변이거나 생산성보다 낮은 비율로 상승하게 되어서 화폐(불변의 노동가치)로 평가한 임금이 하락하여야만 이 효과는 발생한다.

하였다. ② 영국에서는 1870년대와 1880년대 그리고 양차 세계대전사이에 식민지·반식민지 지역과의 '교역조건'을 개선하여 다량의 농산물을 값싸게 수입할 수 있었던 것도 실질임금 상승의 주요 부분을 이룬다).

이용 가능한 통계자료에 의하면[17] 19세기 말엽에 미국에서 이윤율이 저하했다는 근거가 있으며 그후의 시기에 대해서는 상충되는 증거가 있다. 한 학자[18]는 제1차세계대전이 종결된 이후 이윤율의 상승을 발견하였다고 주장한 반면에 또 다른 학자[19]는 이윤율이 작지만 지속적으로 하락하였다고 주장하였다. 영국에서는 산업부문의 이윤율이 1870년대에 16% 내지 17%였던 것이 제1차세계대전 전에는 14%로 저하하였고, 양차 세계대전사이의 기간중에는 약 11%로 저하된 것으로 계산된다(물론 이 시기에는 공황이라는 특수한

---

17) 이 추정치들은 처음에 느끼는 것처럼 그렇게 쉽사리 얻어지지 않는다. 시장은 경상수입의 변화가 지속될 것처럼 생각되면 이 변화에 맞추어 경상 주식가치를 변화시키기 때문에 단순히 경상수입을 경상 주식가치를 나눈 비율을 구하는 것만으로는 불충분하다. 본고의 목적에 충실하기 위해서는 현재의 이윤 소득은 본래의 자본가치나 자본비용과 관계지워져야 한다. 그런데 이것은 항상 쉬운 일은 아니고, 비록 가능하다 하더라도 결과는 정확하지 못하고 단지 근사치로 되기 쉽다.

18) Joseph Gillman의 『이윤율 저하』 p.55~57과 Appendix 3. Gillman 박사는 '자본의 유기적 구성도'가 1920년 이후 무렵에는 정체되거나 저하되기조차 한 것으로 추정하고 있다.

19) Fellner, op. cit., p.254~256. 자본량에 대한 재산소득 비율은 1870년과 1900년 사이에 15% 정도 저하되고, 다시 1900년 이후부터 오늘날까지는 15% 저하되었다.

요인이 작용하였다).[20]

국민소득(자국이 생산한) 가운데 임금이 차지하는 백분비는 1870년경 이후 거의 변화하지 않았다고 통계학자들은 말하고 있다. 즉 영국의 경우 1870년에는 38.6%, 1913년에는 36.6%, 1939년에는 38.3%, 1950년에는 41.9%였다.[21] 총국민소득 가운데 임금이 차지하는 비율에 대한 보울리(Bowley)의 평가는 약간 다르지만 비슷한 양상을 보여준다. 즉 1880년에는 37.5%, 19세기 말에는 35~36%, 1913년에는 37.5%였다.[22] 이 백분비의 수치의 불변도는 일견 생각되는 것보다는 유동적이다. 그러나 어쨌든 이 수치들은 이 비율은 어떤 현저한 변화를 겪을 수 없었다는 사실을 표현하고 있는 것이다. 즉 설사 유리한 조건에서 아무리 산출량이 증대되어도 노동의 상대적인 몫의 증가를 아주 강하게 억제하는 메커니즘이 자본주의 내에 작용하고 있다는 사실을 암시해 준다ㅡ임금이 잉여가치를 잠식하는 것에는 상당히 완강한 상한이 있다는 것이다.

만일 노동에 대한 자본의 비율을(마르크스의 '자본구성'과 동일한 것은 아니다) 산출량으로 표시한 노동생산성으로

---

20) Phelps Brown and Weber, op, cit., 1953, p.272. 그러나 이러한 저하경향은 모든 자본에서 보여지는 것은 아니다.

21) Phelps Brown and P. E. Hart, *Economic Journal*, 1952년 6월, p.276~277.

22) A. L. Bowley, 『1880~1913년의 국민소득의 분배의 변화』, p.25.

나누면 최근에 아주 많이 거론되는 자본계수를 구할 수 있다. 통계학자들에 따르면 이것은 지난 세기 동안에 어떠한 일관된 경향도 보이지 않았다. 미국에서는 제1차세계대전 전까지 증가했었으나 그때 이후로 다시 떨어져 1950년에는 1870년대[23]와 거의 같아졌다. 영국에서는 1870년~1890년 동안에는 떨어지나 제1차세계대전 직전까지 다시 올랐는데, 그 오른 정도는 1870년에 비해 아주 작은 크기일 뿐이고 제2차세계대전 직전에는 다시 같아져 버린다(명백히 미국보다는 약간 높다).[24] 이러한 수치와 이윤경향에 대한 상반된 평가 중의 하나를 볼 때, 여기에는 어떤 의미가 있다는 것을 알 수 있다. 즉 제1차세계대전 전후의 무렵에는 위기적인 상황이 나타났다는 것이다. 그러나 그 징후는 명확하지 않고, 또한 그렇다고 해도 분명히 왜 그런지 명확하지 않다.

---

23) Fellner, op. cit., p.244.

24) Phelps Brown and Weber, op, cit., 1953, p.266.

제5장 경제공황

제5장 경제공황

　우리는 (1장에서) 자본주의의 주요 특징을 '생산의 무정부 상태(즉 중앙의 계획과 통제가 없는)'라고 하였는데, 이로 인해 이 체제의 구성원들을 연결시켜주는 시장기구가 불균형적으로 발전하게 되어 주기적으로 파국에 치닫게 될 가능성이 생겨난다. 몇몇 국가들은 특히 저개발국가들에서는 이러한 생산의 무정부성으로 말미암아 병렬적이고 동시적으로 진행되어야 할 과정들이 균형을 이루면서 동일하게 발전되지 못하고, 경제가 침체되거나 저하되는 상황에 빠져버리게 된다. 반면에 선진국들에서도 이로 말미암아 주기적인 공황이 발생하게 된다.

　역사적으로 볼 때(산업혁명 이후에는 확실했고 그 이전에도 어느 정도 발생하였다) 자본주의는 그 발전에 있어 불균형을 보여주고 있는데, 그것은 각 부문 및 지역간의 발전 속도가 다를 뿐만 아니라 체제 전체로 볼 때 팽창, 정체 및 수축 국면이 교체되는 경기변동의 양상을 띤다는 의미에서 그러하다. 그리고 19세기에는 호황이나 확대국면이 '거의' 매 10년마다(1～2년 이하나 이상일 때도 있었다) 급격하게 파국에 직면하게 되어 누구나가 '10년 주기'라고 할 정도로 파동이 주기적이고 규칙적이었다. 그리고 그들이 자본주의 세계 전체에 걸쳐 거의 동시에 일어난 것도 (물론 한두 가지 예외가 있지만) 이 주기성의 특징이었다.

이들 공황 가운데 1929년부터 1931년 사이에 미국(그때까지의 자본주의 세계에서는 가장 발전한 나라였다)에서 발생한 공황이 모든 측면에서 가장 극심한 것이었다. 호황이 극에 달했던 해인 1929년에서 1932년 여름 사이에 산업생산은 반 정도가 줄어들었고, 실업인구는 전체 노동력의 4분의 1에 해당하는 1,300만을 기록하였고, 가동이 정지된 공장은 전체의 50%에 달했었다. 몇몇 유럽국가들은(부분적으로 군비 재무장의 자극에 힘입어) 1930년대 중반과 후반에 어느 정도 회복되었으나, 미국은 생산을 공황 이전 수준으로 회복하는 데 약 8년이 걸렸고, 1937년과 1938년 사이에는 다시 역전되어버렸다. 이때 미국에서의 실업은 1937년의 짧은 기간을 제외하고는 1940년까지는 8백만 이하로 떨어지지 않았다. 마르크스가 자본주의적 소유가 생산력의 발전에 질곡으로 작용하는 때라고 표현했던 만성적 침체의 단계에 자본주의가 빠져들었다는 논의가 들끓었던 것도 당연했다.

이 모든 것이 왜 일어나는가를 설명하려고 하는 이론들이 많이 있었다—여기서 그 이론들을 모두 소개하려는 것은 아니다. 현재의 목적에 충실하기 위해서 다음과 같은 일반적 명제를 제시하는 것에 만족해야 한다(이 명제에 대해서 이들 다양한 이론들이 동의할 것이다). 즉 이 순환은 본질적으로 자본축적과정에서 일어난 순환으로 보아야 하고, 이러한 주기적인 파국이 일어나는 것은 자본축적과 계속적인 재투자가 이윤을 얻을 수 있는 조건을 넘어서까지 자본을 증대시켰기 때문이다. 이것은 마르크스에 따르면 자본주의생산의 확대가 잉여가치의 수취 및 실현의 조건과 모순되어간다는 의미이다.

생산과정은 오로지 사회적 목적, 즉 '사회전반'의 물질적 부를 증대시키기 위한 목적에서 결정된다고 가정해 보자. 그렇다면 물론 생산은 인간이 필요하는 것들의 완전한 충족을 가로막는 어떠한 한계도 없이 무한히 발전할 것이다. 생산성이 향상되고 보다 더 많은 생산물이 나올 여지가 있는 한, 생산수단을 확대하고 개선하기 위해서 노동과 자원을 계속 투자할 수 있을 것이다. 이렇게 되면 판매가격이 하락하거나 화폐임금이 상승하여 시장에서는 항상 보다 많은 생산물을 구입할 수 있게 될 것이다. 물론 일정한 '비율'이 관철되어야만 할 것이지만, 확대가 무한정하게 일어나 어떤 방향에서는 넘치게 되고 어떤 방향에서는 부족하게 되면 곤경에 직면하게 될 것이다. 그러나 이것은 모든 생산부문의 확대가 전반적으로 억제되거나 수축되는 것이 아니라 낙후된 부문들이 성장할 때까지 선도적인 부문들이 일시적으로 정체하는 것을 의미할 따름이다.

그러나 자본주의하에서 새로운 생산수단에 대한 자본투자는 일정한 이윤율의 기대하에서만 일어난다. 확대가 얼마동안 지속되고 있던 때에 기대했던 이윤율이 실현되지 않으면 아무도 새로운 투자를 하려 하지 않게 되어 투자는 줄어들게 될 것이다. 따라서 확대가 정지됨에 따라 새로운 기계의 주문도 정지되고, 그렇게 되면 기계와 자본재(생산수단)를 생산하던 산업에서 가동율의 단축과 해고로 인한 실업이 일어나고, 이것은 다른 산업의 생산물에 대한 수요를 광범위하게 위축시켜 그 때문에 침체는 일반화되고 또한 누적될 것이다. 마르크스는 이렇게 얘기하였다. "자본주의 생산양식에서는 생산이 일정 단계에 이르면 한계에 부딪힌다… … 그렇게 되는 것은 생산이 사회적 필요를 충족시키기 위해서가 아니라 이윤을 생산하고 실현하기 위해 진행되기 때문이다."

이러한 과정들이 어떻게 진행되는가를 보다 구체적으로 보기 위해 정상적인 호황기에 일어나고 있는 것을 좀더 가까이 접근하여 보자. 그렇게 하는 데에는 마르크스처럼 산업을 두 개의 주요 부문으로 나누어 살펴보는 것이 편리하다. 하나는 자본재나 생산수단을 모든 산업에 공급하기 위한 생산재 생산부문이고, 다른 하나는 궁극적으로 상점에서 개별 소비자들에게 팔기 위한 소비재 생산부문이다. 그는 이들을 각각 I부문과 II부문이라 하였다(물론 이것을 보다 세분화시켜 나눌 수도 있다. 예를 들면 I부문을 ① 자가소비를 위한 자본재 생산부문, 예를 들면 기계를 생산해내는 기계, ② II부문에서 소비하기 위한 자본재 생산부문, 예를 들면 방적기와 방직기 또는 제화용 골로 나눌 수 있고, 또 II부문은 ③ 임금소득자를 위한 소비재 생산부문, ④ 자본가와 주변인들의 소비를 위한 사치재 생산으로 나눌 수 있다. 그러나 우리가 얘기하고 있는 수준에서 볼 때 우리의 목적에 보다 적합한 것은 두 부문으로만 나누는 것이다).

호황기에 투자는 증대되고 그에 따라 I부문의 생산물에 대한 수요도 증가한다. 수요가 증가할수록 고용도 증가하여 총임금과 총이윤은 증가한다. 또한 이것은 역으로 I·II부문의 생산물에 대한 수요를 증가시킨다. 그러나 I부문에서 생산·증가된 자본재가 새로운 공장과 설비의 설립으로 나타남에 따라 양부문의 생산능력은 증가한다. 이것이 증가하면 할수록 투자붐은 더욱 자극되고 확대된다. 이러한 단계에 이르면 많은 일들이 발생하기 시작한다. 우선 그중의 하나로 생산능력의 증가가 수요증가를 초과하게 되고 이에 따라 곧 이윤율이 저하하기 시작한다. 새로운 투자에 대한 이윤이 떨어지자마자 새로운 투자는 감소하게 되고 그와 함께 I 부문의 생산물에 대한 수요도 떨어지게 된다. 그 때문에 수요와 고용, 산출량도 모두 저하하는 하강이 악순환적으로 시작되게 된다.

분명 이것은 '어떠한' 한계지점에서 일어나는 것이 틀림없다. 왜냐하면 소비자의 수요는 무한히 성장할 수 있는 것이 아니라 어떤 단계에 이르면 정체하게 된다. 수요의 성장은 고용증대로 인하여 일어나는데(즉 증가된 임금과 이윤), 그러한 증가 또한 일정한 한계가 있기 때문이다. 즉 어느 단계에서는 완전가동과 완전고용의 최고한계에 부딪혀 틀림없이 저하하기 시작한다. 그리고 실제 대부분의 호황은 완전고용에 도달하기 전에 한계에 부딪힌다.[25] 노동에 대한 수요가 증가함에 따라 임금이 오른다고 해도, 임금상승은 수요를 증가시킬 뿐만 아니라 비용도 상승시키기 때문에 그 자체가 수익성을 증가시키진 않는다. 이것이 문제의 핵심이다.

II부문의 생산능력이 II부문에서 생산되는 생산물에 대한 수요를 능가하게 되는 것은 호황을 정지시키는 하나의 경로로서 매우 자주 일어나는 일이다. 즉 생산능력이 소비력보다

---

25) 그렇다고 생산능력이나 공급에 있어서 여러 가지 장애가 특정한 장소에 나타나기 이전에 일어나는 것이 필연적인 것은 아니다.

크기 때문에 호황이 정지된다고 표현되기도 한다. 그런데 여기에서 '소비력'이라는 것은 개별 임금소득자들(그들의 가족도 포함해서)이나 자본가들, 또는 그밖의 사람들의 개인적 소비만을 의미하는 것은 아니다. 그것은 전체소비 가운데 일부분일 뿐이다. 물론 호황은 자주 이러한 식으로 정지하긴 하지만(예를 들어 1929년에 미국에서 일어난 공황은 이런 경우였다고 생각하는 사람들이 있다) 항상 그러한 것은 아니다. '생산력이 소비력을 능가한다'는 말이 완전한 의미를 가질 때는 '소비력'이 위에서 말한 대로 I·II부문의 모든 생산물에 대한 수요를 가리키는 경우이다.[26] 다시 말해서 I부문은 II부문에 의해 많은 영향을 받기는 하지만, II부문에 의하여 필연적으로 제한을 받는 것은 아니기 때문에 II부문만이 아니라 I부문의 동향도 주시해야 한다.

자본재를 생산하는 부문인 I부문에 대해 두 가지 문제가 제기된다. 첫째, 호황을 일으키는 모든 투자 또는 대부분의 투자가 I부문만을 확대시키고 II부문은 전혀 확대를 시키지 않거나 매우 조금만 확대시킨다면, II부문의 생산력이 개별 소비자들의 수요를 초과하지 않게 된다. 따라서 호황을 저지하는 II부문의 과잉생산능력이 없어지게 되지 않을까? 둘

---

26) 마르크스를 포함해서 초기 경제학자들은 실제로는 I부문에 대한 수요를 '생산적 소비'라고 하였고, II부문에 대한 수요를 '개인적 소비'라고 하였다. 그렇지만 마르크스가 '소비력'이라고 한 것이 항상 이 두 가지를 모두 포함하고 있는가는 불분명하다.

째, 그러면 자본재에 대한 수요를 유지시킴으로써, 즉 I부문에서의 고용과 가동률을 유지시킴으로써 호황이 느린 속도로 오랜 기간 유지될 수 있도록 투자가 이루어지지 않을까? 만일 I부문에서의 고용수준이 유지된다면, I부문에 고용된 사람들의 II부문 소비재에 대한 수요가 역시 II부문을 유지시킬 것이고 따라서 불황은 발생하지 않을 것이다.

우리가 살펴 본 첫번째의 경우는 다음과 같이 그림으로 묘사해 볼 수 있다.

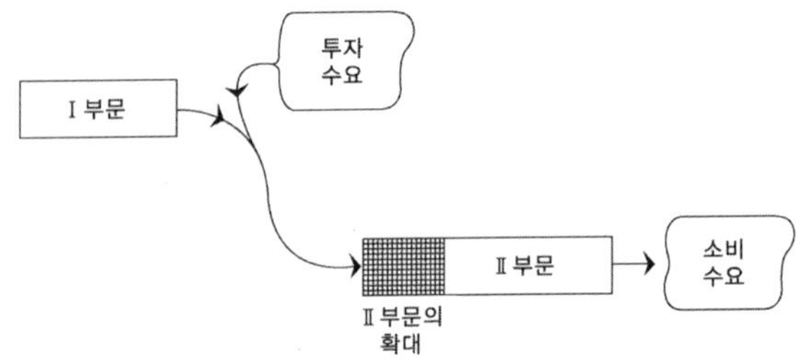

우리가 얘기한 두번째 경우는 다음과 같이 그림으로 묘사해 볼 수 있다.

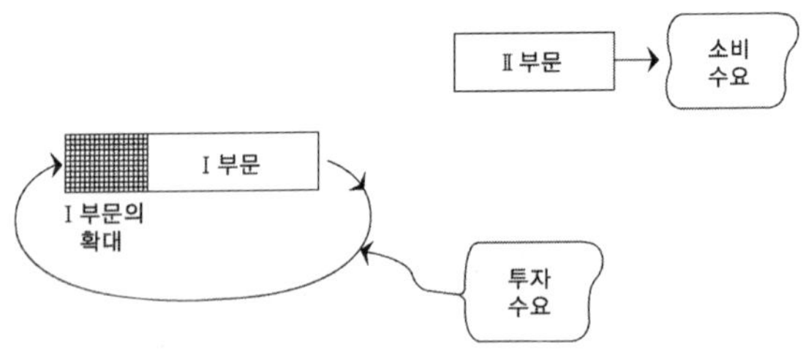

이러한 과정이 무한히 계속되기를 기대하기는 어렵다. 그러나 이러한 일이 잠시동안 발생하여 호황을 연장하는 효과는 가져올 수 있다. 즉 그 과정이 계속되어 I부문에의 투자가 계속 증가하는 이유가 틀림없이 있다. 즉 자본가들이 자본재에 대한 수요가 계속 확대되리라고 기대하는 데에는 틀림없이 어떤 이유가 있는 것이다. 그 근거는 아마도 새로운 발명이나 기술혁신일 것이다. 이것은 몇 년 앞에 새로운 공장과 설비의 확대갱신을 가능하게 하고 그러한 혁신이 지속되는 한, 그것은 자본재에 대한 수요를 계속 부채질하게 된다. 그러나 I부문에 대한 수요의 증가가 계속 유지되려면 단 한 번의 기술혁신이 아니라 계속적인 기술혁명이 필요할 것이다. 즉 자본재에 대한 수요가 단 한 번 급증하는 데 그쳐서는 안되며 계속된 수요급증이 필요할 것이다. 그렇지 않으면 I부문에의 확대투자는 단번에 한계에 부딪혀 이내 축소될 것이다. 그런데 확실히, 경기순환에 잠시 영향을 미치기보다는 많은 영향을 미치는 I부문의 자기확대의 기회는 매우 작은 것이다.

레닌은 그의 『러시아에 있어서의 자본주의 발달』 제1장에서 I부문의 확대는 II부문에 대한 수요(개별적인 수요)에 의해 제한받지 않고 어느 정도까지는 II부문과 독립적으로 진행될 수 있는 가능성에 대하여 지적하고 있다. 나아가서는 그는 기술을 계속 혁신시키려는 자본주의의 경향 때문에

II부문보다 I부문이 더욱 빨리 성장하는 것이 '자본주의적 생산의 일반적 법칙'이라고까지 주장하였다. 이것이 제2차 세계대전 이후의 호황기에 일어났던 일과 어떤 관계를 갖는지에 대해서는 다음 장에서 보기로 한다.

대규모 군비증강계획은 I부문의 생산물에 대한 수요를 유지시키고, 상승기에는 확대시키기조차 한다. 더욱이 그것은 II부문과 I부문의 어느쪽에도 필연적인 생산능력의 확대를 수반하지 않으며, 다만 살육과 대파국을 위한 생산능력만을 확대시킨다. 군비경쟁이나 전쟁이 호황을 용이하게 연장시키고, 일반적인 경기순환의 유형을 '변형'시키는 것은 이러한 이유 때문이다. 공공사업계획도 비슷한 효과를 미친다. 그러나 공공사업계획과 같은 것은 일반적으로 군비계획보다 훨씬 제한적이고, 따라서 자본주의 국가의 정부도 (대중의 강력한 압력과 혁명에 대한 공포가 없을 경우에는)[27] 그것들에 재정을 매우 적게 배분한다.

호황은 지금까지 우리가 얘기한 경로로 잠시 동안은 지속된다 하더라도 오래지 않아 여러 가지 양상의 어려움에 빠진다.

첫째, II부문에 대한 투자가 전혀 행해지지 않을 수는 없다. 따라서 투자가 행해지면 생산능력은 확대될 것이고, 아

---

27) 루즈벨트의 집권 당시 미국의 '뉴딜 정책' 기간 동안의 1930년대 후반에 그러했을 것이다.

무리 느리다고 해도 어떤 단계에서는 개인적 소비의 증가추세를 능가할 것이다(개인적 소비를 자극하기 위해 새로운 상품을 선전한다든지, 할부판매방법을 사용한다든지, 대대적인 선전공세를 편다든지 하는 등의 시도를 아무리 많이 실시해도 궁극적으로는 마찬가지이다).

둘째, 투자가 I부문을 확대시키는 방향으로 진행될 때에도 이윤을 창출해야 할 자본(혹은 생산수단)의 총량은 계속 증가해 간다. 그러므로 잉여가치가 비례하여 증가하지 않는다면 이윤율은 거꾸로 떨어질 수밖에 없어 투자는 위축된다. 만일 인구가 매우 빨리 증가하고 산업예비군이 무진장으로 존재하게 되면, 보다 많은 기계들이 똑같이 보다 많은 노동자들에 의해 운용되도록 설치될 것이고, 추가적으로 고용된 각 노동자도 먼저 고용된 사람들만큼 많은 잉여가치를 생산하게 될 것이다(물론 그러한 조건하에서는 임금과 총이윤이 상승함에 따라 소비자의 수요가 늘어가게 되어 그것을 충당하기 위해 I부문과 같은 속도로 II부문도 확대될 것이다). 그러나 이것은 앞에서 설명한 바 있는 자본축적이 노동공급보다 빨리 진행되는 선진산업국가들에서는 좀처럼 보기 힘든 상황이다. 만일 자본의 양이 산업예비군을 초과할 때, 그에 따른 노동력 경쟁은 임금을 상승시킬 것이고 자본에 남겨지는 잉여를 잠식하게 될 것이다.

셋째, 이러한 극단적인 경우를 피하여 새로운 자본설비가 구형보다 더욱 노동절약형으로 구성된다고 가정하여 보자. 이리한 경우 노동에 대한 수요는 자본설비의 증가율보다는 낮은 비율로 증가할 것이며 각 노동자가 사용하는 자본재는 보다 많아질 것이다. 그러나 노동자 1인당 생산성이 충분히 향상되어 생산된 가치 가운데에 자본에게 귀속되는 부분이 증가해야만[28] 높은 자본장비율이 상쇄되어 이윤율은 변화하지 않고 일정하게 된다.

유명한 경제학자인 칼도아(Kaldor)는, 호황은 '네 개의 장애물 가운데 하나에서는 반드시 걸려 넘어지기 마련인 특이한 장애물 경마'와 같아서 "마지막 장애물까지 견뎌내는 말은 거의 없다"고 말한 적이 있다.

경제공황에 대한 바른 시각은 그것을 자본주의의 기본모순(생산력의 발전과 자본의 수익성 간의 모순)이 특정한 한 가지 형태(혹은 측면)가 아니라 오히려 다양한 형태들로 표현된다고 보는 것이다. 따라서 여러 호황들은 동일한 원인으로 인해서가 아니라 각기 다른 원인으로 인해 깨어질 수 있다(가장 가깝고 직접적인 원인에 관계되는 한에 있어서). 그래서 이러한 특정 원인은 문제의 호황에 뒤따른 일련의 사태와 구체적인 상황을 연구해야만 밝혀질 수 있다.

이 장에서 우리는 지금까지 각국이 외국무역은 하지 않고, 따라서 수출을 위해서가 아니라 국내시장만을 위해 생

---

28) 마르크스의 '상대적 잉여가치의 상승' Ⅳ장을 보라.

산한다는 가정 하에서 줄곧 애기하였다. 그런데 어떠한 구체적인 상황에서는 물론, 산출량(I부문과 II부문의 양쪽 모두에서의)의 일정한 부분은 외국의 수요를 충당하기 위해 생산된다는 것을 기억해야 할 것이다. 그러므로 수출이 확대되는 한 수요도 확대될 것이다. 그러나 장기적으로는 다른 국가도 문제의 국가에 보다 많이 수출을 하여야만 그 반대급부로 상품을 추가로 수입한다는 점에 유의해야 한다. 따라서 수출품이 다른 나라에 외상이나 차관의 형태로 공급되지 않는다면 영속적인 수출초과는 불가능하기 때문에 호황은 단지 일시적인 것에 그치고 말 것이다. 어쨌든 지금까지 단순화시켜온 도식화는 자본주의 세계 전체에 관한 한 그다지 틀리지 않을 것이다.

제6장 제2차세계대전 이후

제6장 제2차세계대전 이후

　현대의 전쟁은 경제적 자원을 총동원시키고 노동력과 생산설비를 이동하여 전시산업의 성장을 급격하게 진행시키기 때문에 평상시의 시장 메커니즘으로는 감당하기 힘든 것이다. 따라서 국가가 무기, 탄약 등 군수품을 군부에 공급하고 일반 국민에게 필수적인 식량공급까지 담당함으로써 시장에서 가장 중요한 구매자로 등장하게 된다. 결과적으로 국가가 재정·노동·물자·자원배분 등을 통제하게 되어 국가자본주의에로 괄목할 만한 성장을 하게 된다. 이것은 제1차세계대전 당시보다 제2차세계대전 당시에 훨씬 현저하게 일어난 일이었다.

　전쟁시의 전면적인 생산추진과 전면적인 인력동원은 산업예비군을 고갈시켜 평상시의 어떠한 호황기에도 찾아볼 수 없는 완전고용의 상황을 초래한다. 이때 임금이 크게 오르는 것을 막기 위해서 국가는 노동조합의 활동을 제한하고, 노동자의 활동을 제한하여 파업권을 유보시킨다든지, 혹은 노동자의 이동이나 직업의 이동을 제한한다든지 하는 갖가지 수단을 동원한다. 그럼에도 불구하고 계급관계는 이러한 상황하에서 더욱 긴장상태로 들어가기 때문에, 평상시에는 거의 용인될 수 없는 다소의 양보가 노동자계급에게 강요된다. 동시에 대자본가는 산업에 대한 지배기능을 보다 확고하게 장악하게 되어(예를 들어 원자재와 주문의 할당) 거대 독점체들은 자신이 주도하여 평상시에 가능한 범위 이상으로 많은 소규모의 자본을 조직하는 힘을 얻게 된다.

그러므로 대부분의 나라들에서 노동자계급이 제2차세계대전 때부터 강력한 세력으로 출현하게 되었다는 것은 놀라운 일이 못된다(비록 나중에는 정치적·산업적 공작으로 분산되고 분열되어버려 약해졌지만). 팽창하는 사회주의 영역(사회주의는 하나의 세계체제로 되었다)의 존재가 자본주의 영역에 많은 측면에서 중대한 영향을 미치고 있었다. 몇몇 국가(특히 프랑스와 이탈리아)에서는 공산주의자들이 거센 냉전의 압력으로 인해 추방될 때까지 일시적으로는 전후의 정권에 참여하여 의회의 소수석을 차지하기도 하였다. 영국에서는 전후 1945년의 총선거에서 노동당이 정권을 장악하였다. 그러나 제1차세계대전 후의 1918년에서처럼 전시경제체제를 바로 해체시키지 않고 전후 재건을 위해 여러 가지 전시경제 통제를 몇 년간 계속 유지하였다. 파업금지를 규정한 법령 1305(1951년에 폐지되었다)와 같은 노동자에 대한 통제도 몇 가지 계속되었다. 석탄, 철도, 천연가스, 전기, 운송기관 그리고 강철 등은 영국은행과 함께 국유화시킴으로써 국가가 직접 통제하는 범위가 점차 확대되었다. 그러나 이러한 지배의 정도는 과장되어서는 안된다. 즉 국가의 생산기능에 관한다면, 국유화 부문은 전체 경제의 총생산수단의 약 5분의 1에 지나지 않았다. 보다 중요한 것은 구매자, 특히 자본재에 대한 구매자로서의 국가 기능이 점차 증가해 간다는 데에 있었다(왜냐하면 국유화된 부분은 대규모 투자계획을 가지고 있었고 전후 10년간 총투자 가운데에 비정상적으로 커다란 부분을 차지하고 있었기 때문이다). 주택 건설을 포함시킨다면 국가부문이 전후 몇 년간 총투자의 거의 반을 차지할 것이다. 만일 이것에 국방비를 더한다면 상품(거의 I부문의 생산물)에 대한 국가의 지출은 국민소득의 6분의 1 내지 5분의 1에 달하는 숫자에 육박할 것이다. 미국에서조차 국방비 지출로 말미암아 국가지출은 전반적인 경제에 상당히 큰 영향을 미칠 정도의 규모였다. 즉 국가가 구입하는 재화와 용역의 총량은 국민생산의 5분의 1에 달했고, 몇 년 후에는 거의 4분의 1에 달하게 되었다. 혹자는 이것은 예전에 없었던 바로서 체제를 견고하게 안정시키는 새로운 특징이라고 주장한다. 그래서 국가지출의 역할을 사적인 투자의 침체를 막는 '자동안전장치'라고 규정하는 경우가 많았다.

이 마지막 논점에 대해 어떠한 입장을 취하든 관계없이 국가자본주의의 확대가 제2차세계대전과 그후의 특징을 이룬다는 것은 확실하다. 이것은 전연 새로운 것으로의 발전은 결코 아니다. 국가지배는 제1차세계대전중에 발생하였다가 이내 소멸했으나, 1930년대의 공황기에 몇 가지 다시 나타났다. 그러나 제2차세계대전이 분수령을 이룬다고 할 수 있다. 그러나 이 점을 말하는 데 있어서 우리는 3장의 끝머리에서 국가에 관하여 논의된 것을 기억해야만 한다. 즉 독점자본주의처럼 경제력이 고도로 집적되는 역사의 단계에서 국가기구는 지배적인 독점체의 도구로 된다. 그리고 맑스주의 저자가 일반적으로 국가자본주의(또 다른 역사적 상황에서 나타날지도 모르는)라 하지 않고 국가독점자본주의라 부르는 것도 이 때문이다. 이 점에 있어서는 상황이 어떠한 근본적인 변화를 겪었다는 증거는 전혀 없다. 실로 우리가 앞에서 본 바와 같이 전쟁은 독점집단과 국가기구를 이전보다 훨씬 더 밀착시켰다. 그리고 다우닝가에 노동당내각이 들어선다거나 혹은 하원에서 노동당이 다수석을 점하거나 하는 일도 발생하였다. 그러나 그 자체가 국가기구와 그 부속인 그리고 그것을 지배하는 계급이익의 성격을 변화시키는 데는 전혀 충분한 것이 아니었다.

이것은 약간의 논쟁거리가 되어 왔었기 때문에 또 다른 제한이 필요할 것이다. 국가는 독점의 대행기구이어서 독점 부문과 다른 자본가들 사이에 충돌이 발생하였을 때는 독점의 이익을 더욱 보장한다고 할 때, 국가가 때로는 일반적인 체제유지를 위한 정책, 즉 생산양식으로서의 자본주의가 균형적으로 작동하도록 하려는 정책을 추진할 때도 있다는 것을 배제하고 하는 말은 아니다. 여기에서야말로 모순되는 상황이 발생한다. 즉 체제전반을 파괴시키면서까지 자신의 이익만을 극대화시키려는 부분의 이익과 체제 자체의 항구적 존속간의 모순이 발생한다. 국가가 체제를 안정적으로 존속시키기 위한 정책을 채택하는 한, 국가는 일시적으로 '독립된' 중재자로서 나타나게 된다. 이때 국가는 지배계급 내부의 이익갈등을 '조정하거나,' 때로는 상충된 계급사이의 적대 관계를 완화시켜 그들을 '화해시키는' 역할을 하는 것처럼 보인다. 그러나 생산양식의 본질이나 국가의 본질로 볼 때, 국가가 그렇게 할 수 있고 또 성공적으로 해내는 데는 한계가 매우 명백하다.

세계적 차원에서 자본주의를 바라보면 당장 전후 상황 가운데 두번째 특징을 발견하게 된다. 이것은 예전의 식민지·반식민지 국가들이 전후에 민족독립의 기치 아래 제국주의의 지배에서 해방되어 정치적·경제적 독립의 길에 들어섰다는 것이다. 사회주의 진영에 가담한 중국이 그 대표적 예이며 인도, 미얀마, 이집트는 본질적으로 자본주의(비록 저개발의 상태이나) 국가로서 또 다른 예이다. 이것이 갖는 경제적 의의는 외국자본(외국자본과의 관련도 포함하여)으로부터 독립하여 자국의 '개발계획'의 자극과 지도에 따라, 특히 산업발전에의 집중적인 노력을 하게 되었다는 것이다. 예상했던대로 이것은 기존의 제국주의 국가들, 그중에서도 특히 영국에 커다란 불이익을 가져다주지 않을 수 없었다. 그 제국주의 국가들은 자국이 수출하는 공업제품과 수입하는 농업생산물이나 원자재 사이의 유리한 교역조건 그리고 해외투자로부터 이윤을 향유했던 것이다. 미국은 영국보다는 이 점에 있어서는 영향을 덜 받아서 (중국과 태평양을 제외하고) 아메리카 대륙(캐나다, 중남미) 전체와 중동 및 아프리카에서 석유와 몇 가지 광물을 중심으로 투자와 지배를 확대해가고 있었다. 이들 지역에는 과거 '신세계'라고 불리워졌던 훨씬 더 부유하고 능률적인 달러제국에 의해 추월당하여 밀려난 영국과 같은 구제국주의의 자취가 남아 있다.

세계사에서 사회주의 영역이 성장하여 자본주의에 가장 명백한 충격을 가한 것은 인도와 아랍공화국 같은 '제3세계' 국가들과 관련된 부분이다. 이들 국가에서 계획경제는 유례없이 빠르고 성공적인 산업발전을 가능하게 하고, 또한 기술과 자본재의 공급을 더욱 증가시켜 제공할 수 있다. 바로

이 점이 여러 블록국가들이 정치적·경제적 영향으로 보나 친화력으로 보나 계획경제를 택하게 되는 초점인 것이다.

　전후 상황의 세번째 특징으로는 1957년까지 12년 동안 호황이 계속되었다는 것을 들 수 있다(영국에서 1948년과 1949년 사이, 그리고 다시 1952년에 약간 위축되었던 것, 미국에서 1953년과 1954년 사이 약간 위축되었던 것을 제외하고). 제1차세계대전 이후 호황은 1년 반 후에 깨어져 전후 호황은 잠시 지속되었을 뿐 그후 1920년대 중반에 약간의 회복이 있었으나(미국에서는 보다 활발한 호황이었다) 1929년에 보다 심각한 공황으로 다시 빠지고 만다. 이와는 대조적으로 1945년에서 1957년 사이의 12년간의 기간은 고용수준이나 투자수준에서 볼 때 현격한 차이를 보인다. 즉 영국에서는 줄곧 2% 미만의 실업을 유지하였고, 미국에서는 좀더 많은 4% 미만의 실업률을 유지하였으며, 산업생산은 영국에서 전기간에 걸쳐 3분의 1 가까이 증가하였고, 미국에서는 거의 2분의 1이 증가하였다. 이렇듯 호황이 파국에 도달하지 않고 지속되자 경제공황은 과거지사로 되었다든지 자본주의는 영원히 번영할 능력이 생겼다든지 하는 얘기들이 쏟아져 나왔다.

　전후 경기변동의 특수한 성격에 관하여 여러 가지 설명이 있다. 전쟁 직후 몇 년간은 전쟁으로 인하여 전례없이 크게 파괴된 것을 수리하고, 줄어든 재고량을 회복하고 공장과 설비를 정상적으로 수리하고 대체하기 위하여 재건할 필요가 컸으며, 이 필요가 수요를 유지해 주었다. 비록 미국은 전쟁의 직접적인 피해는 없었지만, 자본량이 실로 놀랄 만큼 증대되어서 유럽의 산업뿐만 아니라 미국의 산업도 다양한 '원조계획'하에 재건에 총동원되었다. 몇 년간은 소비재나 자본재나 다 마찬가지로 공급이 딸리는 지경이었다. 1949년에 이르러서야 공급이 수요를 충당하게 되었는데 1950년에 한국전쟁이 발발하여 또 다시 미국의 무기소비와 '전략물자'의 비축을 위한 소비가 급증하였다. 그러나 아무리 그러한 전쟁소비가 호황을 새로운 수준으로 끌어올렸다고 해도, 이미 몇 달 전에 일기 시작한 1948년의 '경기후퇴'로부터의 회복이 단지 전쟁경기에 기인한 것만은 아니었다.

그러나 한국전쟁의 종식과 함께 1953년 말에 미국의 호황은 새로운 파국에 직면하였다. 그때 많은 사람들이 이것을 한국전쟁기간 동안의 국가지출에 의해 비정상적으로 유지되었던 전후 호황이 종말을 고한 것이고, 제2의 1929년이 곧 도래할 것이라고 확신하였다. 그러나 놀랍게도 정부의 군비지출은 '차츰 줄어드는(약간 저하하는)'데도 불구하고 개인이나 기업의 투자는 놀라울 정도로 활발하게 회복되었고,29) 다음 해의 연말 이전에 새로운 투자붐이 일기 시작

---

29) 실제로 그 경기후퇴기(실업률이 6% 증가함) 동안에 투자가 저하된 것은 공장이나 설비에서가 아니라 주로 재고투자였다. 그리고 개인 소비지출은 놀랍게도 변함이 없었다. 이것은 1948～1949년

하여 2~3년간 지속되었다. 이것은 주로 공업분야의 기업이나 공익사업, 또 그와 유사한 기업에서 재설비를 하거나 새로운 건설을 하고 그에 따라 제조업의 생산능력도 약 13% 정도 증가한 데서 온 호황이었다. 영국에서도 매우 많은 투자행위가 이 기간에 일어났으며(정부의 긴축적 금융정책에 의해서만 제한되었다), 서유럽의 자본주의 국가들, 특히 서독에서도 마찬가지의 양상을 보였다. 그래서 1958년에 영국 제조업의 생산능력은 3년 전과 비교할 때 10% 이상 증가하였다.

이 호황에 관한 가능한 설명으로서 저자가 다른 곳에서[30] 발표한 것으로는 다음과 같은 것이 있다. 즉 1950년대에는 앞에서 잠시 얘기한 기술혁명이 일어나 그것으로 기술을 현대화시키고 확대함으로써 투자를 유발하는 강력한 계기가 되었다. 보다 상세히 말한다면, 어쩌면 우리는 5장의 마지막 부분에서 얘기한 그러한 상황에 처해 있는 것이 사실인지도 모른다. 이 시기의 기술혁신은 자동화(automation)[31]라는

의 경기후퇴와는 달리 국가들에게 심각한 충격을 주지는 않았다.

30) *Marxism Today*, Dec. 1957.

31) 1950년대에 영국, 미국, 서독에서의 산출량은 고용보다 더욱 빨리 확대되었다. 그래서 고용된 사람 1인당 산출량은 1950년에서 1956년 사이에 영국에서는 약 12%, 미국에서는 16%, 서독에서는 약 35%가 증가하였다. T. Balogh in *Oxford Economic Papers*, June 1958, p.220, 228. 완전고용 때문에 소비수요도 이 기간 동안에 증가하였다. 예를 들어 실질임금소득은 1947년과 1957년 사이에 영국에서는 약 15% 증가하였고, 미국에서는 더 많이 증가하였다.

생산력 발전에 있어서의 중요한 단계와 관련이 있다. 그러한 생산기술의 발전은 이미 제1차세계대전 당시부터 일어나 그것으로 인하여 '대량생산'이라는 막연한 말도 나왔고, 외국의 산업계에서는 1920년대에 비로소 노동생산성과 자본재 생산이 급격히 증가할 수 있었다. 이것은 1950년대의 자동화로 나아가기 위한 출발단계였다고 할 수 있다. 1950년대의 것은 1920년대의 것보다 더욱 결정적인 단계로 발전하여 일관작업대(assembly-line)를 설치함으로써 손동작이나 작업과정의 움직임을 기계화하였을 뿐만 아니라 현대식 전기장치와 자동제어 메커니즘(feed-back mechanism)을 사용하여 기계의 생산기능을 보다 치밀하게 지배할 수 있게 되었다. 이것은 그때까지 알려져 있던 것보다 더욱 과감하게 생산과 생산관계에 커다란 영향을 미쳐 생산력에 있어서 질적인 '비약'이나 획기적인 전환기라고 할 수 있다.

전후 자본주의에 관하여 노동운동의 안팎에서 많은 토론이 있어 왔는데, 그때 많은 사람들은 자본주의가 완전히 다른 것으로 변질되어 더 이상 과거의 자본주의는 아니라고 주장하였다. 미국의 어떤 저자는 『20세기 자본주의의 혁명』이라는 책을 쓰기도 하였다. 1920년대 중반의 호황기에는 그 호황에 도취되어 무한히 뻗어나가는 경제를 지닌 '미국의 세기'라고 말할 수 있을 정도였던 것과 똑같이, 1950년대에는 다시 자본주의와 '자유기업' 체제를 끊임없는 기술혁명의 추진기관으로 규정하기도 하였다. 노동운동계에서조차, 비록 보다 낮은 어조이기는 하나 그러한 얘기들이 공감을 얻었다. 예를 들어 『신페비언 논집(*New Fabian Essays*)』에서 크로슬란드(Crosland)씨는 "자본주의는 완전히 다른 어떤 체제로 변화를 겪고 있어 기존의 사회주의자의 분석이 흔들리고 있음이 확실하다"라고 진술하고 있다. 스트래치(Strachey)씨는 그의 『현대자본주의(*Contemporary Capitalim*)』에서 그렇게까지는 얘기하지 않았지만, "자본주의의 새로운 단계에 선진공업국가들은 놓여 있으며 따라서 기존 단계의 발전법칙은 더 이상 새로운 단계에 적용되지 않는다"라고 진술하고 있다.

전에 말한 국가자본주의에의 경향 이외에(국가자본주의는 상당히 중요한 문제이긴 하나 '새로운 단계'라든가 '변혁'이라고 규정할 만큼 결정적인 중요성을 가진 것은 아니다) 그러한 주장들을 정당화시키기 위해 두 가지 근거가 주로 제시된다.

첫째, 최근 몇 십 년간에 소위 '경영자 혁명(Managerial Revolution)'이 발생하였다는 것이다. 이러한 얘기는 미국인 제임스 번햄(James Burnham)이 쓴, 매우 자주 인용되는 책에서 보인다. 거기에서 쓰여 있는 것을 보면, 힘은 이미 자본가의 손에서 떠나 새로운 계급의 손으로 옮겨져 있었고 (전쟁기간중에), 그 새로운 계급이란 대규모 공업부문 기업이나 금융기관의 우두머리 위치에 있으면서 그 기업의 자본을 통제하기는 하지만 소유하지는 못하고, 봉급을 받으면서 관리만 하는 경영자들이라는 것이다. 이것을 밑받침하여 벌(Berle)과 민즈(Means)가 미국에서의 200개의 대기업의 소유권에 관하여 통계를 낸 것이 소유와 경영의 엄격한 분리와 소위 '과두지배'의 팽배화에 대한 증거로서 인용된다('과두지배'란 총자본 가운데 일부만을 소유하는 사람들에 의해 지배되는 것을 말한다). 그러나 그러한 분리가 오랫동안 계속되어 많은 '부재 자본가'가 있고 지난 세기보다 더욱 많아진 것이 사실이지만 그 정도가 너무 과장되어 알려져 있고 실제 분리는 그렇게 완전하지 못한 것이 더욱 명백한 현실이다. 설사 '과두지배'가 있다 하더라도(간혹 보이는 것처럼), '비'자본가들이 지배하는 것은 아니고, 더군다나 어떤 다른 계급이 지배한다거나 이윤추구가 아닌 다른 동기에서 정책의 방향을 결정해나가는 것은 더군다나 아니다. 실제로 벌(Berle)과 민즈(Means)는 현대국민경제위원회(the Temporary National Economic Committee)의 보고서에서 통계를 다시 보여주고 있는데, 그에 따르면 무시해도 좋을 정도의 소규모 주식을 소유하는 주주가 관리하는 경우는 흔히 예상하는 것과 같이 그렇게 많지 않고 훨씬 적다.[32] 영국의 폴

---

32) T. N. E. C. Memo. No.29, p.56~57, 104 seq. 폴스위지는 그의 *The Present as History*에서 전반적인 사실을 개괄하고 있고, *Studies* 의 p.350~351에서도 마찬가지이다.

로랜스(Sargant Florence) 교수는 85개의 거대기업에 관한 연구를 근거로 하여 "미국과 영국의 대기업에서는 일반적으로 1만 내지 2만의 주주 가운데에 10 내지 20명의 주주들이 투표권의 거의 3분의 1을 쥐고 있는 것이 현실이다"라고 말하면서 "경영자혁명은 흔히 생각되는 정도(혹은 생각도 해보지 않고 내뱉은 정도)까지는 진행되지 않았고, 중요한 정책에 대한 주도권이나 궁극적인 결정권은 최대 규모의 자본주주가 속해 있는 기업이나 법인이 가지고 있음에 틀림없다"[33]고 결론을 내리고 있다.

둘째, 소위 '소득혁명'을 들고 있는데, 그것에 의해 소득이 노동자들에게 아주 유리하도록 재분배되었다는 것이다. 그러나 1장과 4장에서 본 바와 같이 1939년대 이후에는 임금이 절대적으로나 상대적으로나 증대된 것이 사실이지만, 전쟁 당시와 그 직후의 상황은 예외적인 것이라는 점을 고려하면 그 정도는 미미하며 '소득혁명'이라고 호언장담하며 정당화시킬 정도의 것은 아니다. 큰 변화가 있었다는 데 대한 근거로서 자주 인용되는 것은 개인소득 중 임금이 차지하는 비율이다. 그런데 이것은 계급적인 시각에서 보면 명백히 자본가의 소득이면서 전쟁 이후 놀랄 정도로 상승한, 분배되지 않은 이윤을 빠뜨리고 있는 것이다. 국민소득 가운데 임금이 차지하는 비율은 전쟁 이전부터 3% 가량 올랐

---

33) *The Logic of British and American Industry*, p.193.

다. 그리고 임금소득자 가운데 최상위 1%의 총소득은, 분배되지 않는 이윤을 합해서 볼 때, 1938년과 1947년 사이에 20%에서 19%로 떨어지고(이것은 세금을 공제하기 이전), 세금을 공제한 후는 15%에서 11%로 떨어졌고, 최상위 25%의 총소득은 세금공제 이전 60%에서 57%로 떨어졌다(세금공제 이후는 55%에서 49%로 떨어짐). 총소득 가운데 보다 하위의 50%에 있어서는 세금공제 이전에는 전연 오른 것이 없고 세금공제 이후에야 27%에서 30%로 상승한다.[34] 미국에서는 소득수입자 가운데 최하위의 10분의 3이 가지는 총소득의 비율은 실제 줄어든 셈이다.[35]

고소득계층의 소득분배분의 저하를 나타내는 숫자는, 아마 실제로는, 과장되어 표현된 것일 것이다. 왜냐하면 자본소득과 자본소득으로 인한 지출은 고려하지도 않고, 실질적인 지출을 비용계정에 계상하는 전후의 관행의 증가 또한 계산되지 않기 때문이다. 이러한 종류의 미국의 통계숫자를 판단하는 데 있어서, 탈세와 필요경비는 특별히 중대한 조건임을 명심해야 한다.

---

34) Dudley Seers in *Bulletin of the Oxford Institute of Statistics*, September, 1949, p.262.

35) Gabriel Kolko in *Universities and Left Review*, No.2.

지은이 소개

M. 돕

1900년 영국 런던 출생으로
1922년 케임브리지 대학 정치경제학부를 졸업하였다.
주요 저서: *Wages*(1928년)
        Political Economy and Capitalism(1937년)
        Studies in the Development of Capitalism(1946년)
        An Essay on Economic Growth and Planning(1960년)
        Economic Growth and Underdeveloped Countries(1963년)

옮긴이 소개

김부리

서울대학교 경제학과를 졸업하였다.
주요 역서: 『현대세계 자본주의론』(1982년)

한울열린문고 3

자본주의란 무엇인가

지은이 | M. 돕
옮긴이 | 김부리
펴낸이 | 김종수
펴낸곳 | 도서출판 한울

편집책임 | 장우봉
편집 | 한정희

초판 1쇄 발행 | 1983년 12월 30일
한울열린문고판 1쇄 발행 | 2002년 12월 15일

주소 | 120-180 서울시 마포구 공덕1동 105-90 서울빌딩 3층
전화 | 영업 326-0095(대표) 편집 336-6183(대표)
팩스 | 333-7543
전자우편 | newhanul@nuri.net
등록 | 1980년 3월 13일, 제14-19호

Printed in Korea.

ISBN 89-460-3050-X 04320
ISBN 89-460-3047-X (세트)

* 책값은 겉표지에 표시되어 있습니다.